とっさのときに、すぐ使える！

弔辞の実例事典

～心のこもったお別れの言葉と丁寧な喪主のあいさつ～

暮らしの情報研究会　著

実務教育出版

目次

職場関係者・後輩・部下への弔辞

職場の同僚への弔辞

先輩・上司・社長への弔辞

社葬・団体葬での弔辞

親族・親戚への弔辞

第3章 喪家側のあいさつ

欄外ミニコラム

文例のみかた

本書の２章(32ページ～202ページ)、３章(210ページ～240ページ)の文例は次のような誌面構成となっています。

各文例のあいさつの構成

それぞれの文例の構成要素を、「始めの言葉」「驚き、悲しみ」「エピソード」「故人へのメッセージ」「冥福を祈る」などの短い言葉で表しています。

文例のポイント

文例の中でポイントとなる部分に傍線を付し、箇所ごとに丸数字を振っています。

亡くなった人

故人を性別、年齢によりイラストで示しています。故人の年齢は同じページの見出しでもわかります。

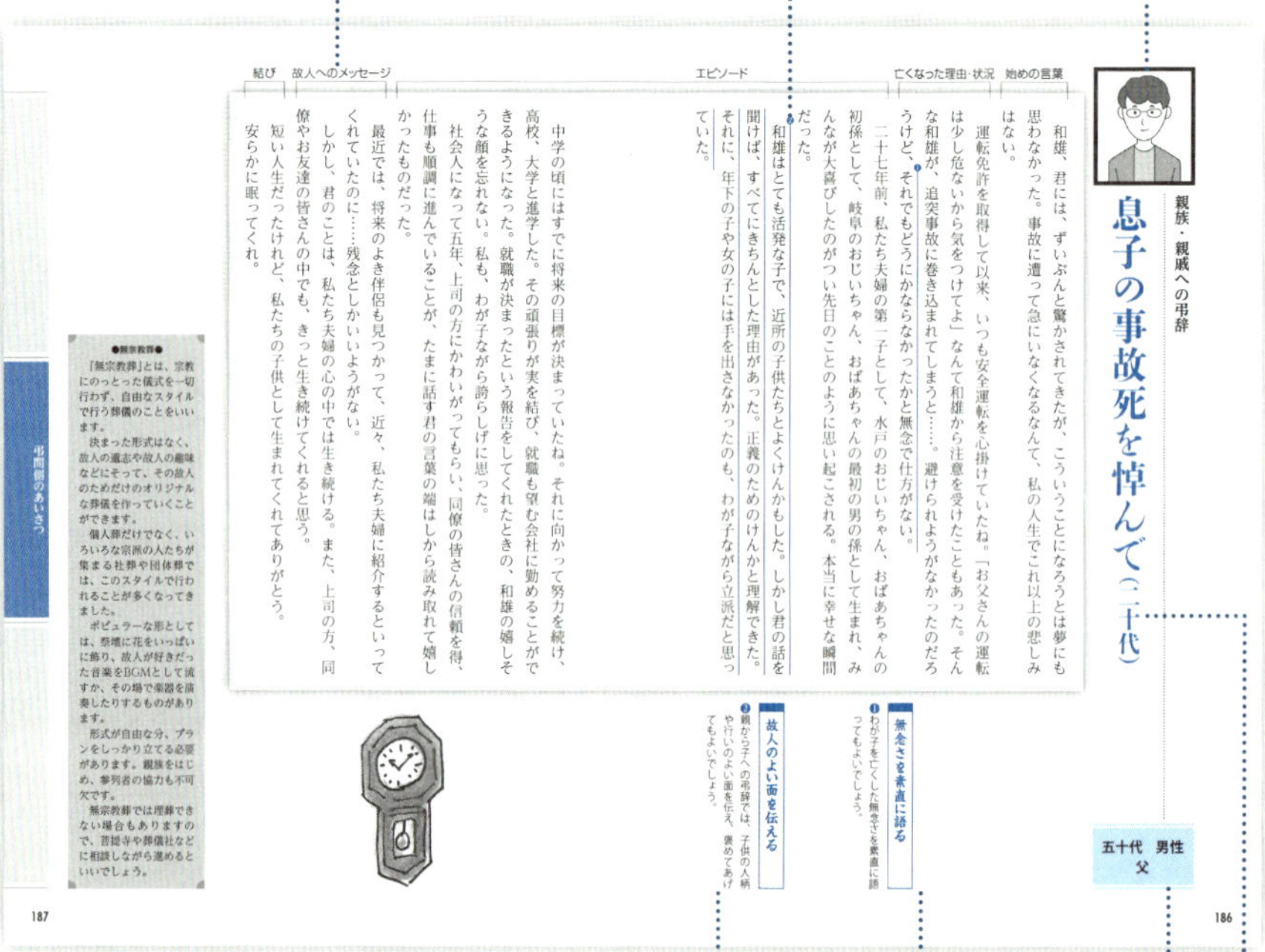

親族・親戚への弔辞

息子の事故死を悼んで（二十代）

始めの言葉　亡くなった理由・状況　エピソード　故人へのメッセージ　結び

和雄、君には、ずいぶんと驚かされてきたが、こういうことになろうとは夢にも思わなかった。事故に遭って急にいなくなるなんて、私の人生でこれ以上の悲しみはない。

運転免許を取得して以来、いつも安全運転を心掛けていたね。「お父さんの運転は少し危ないから気をつけてよ」なんて和雄から注意を受けたこともあった。そんな和雄が、追突事故に巻き込まれてしまうと……。避けられようがなかったのだろうけど、❶それでもどうにかならなかったかと無念で仕方がない。

二十七年前、私たち夫婦の第一子として、水戸のおじいちゃん、おばあちゃんの初孫として、岐阜のおじいちゃん、おばあちゃんの最初の男の孫として生まれ、みんなが大喜びしたのがつい先日のことのように思い起こされる。本当に幸せな瞬間だった。

❷和雄はとても活発な子で、近所の子供たちとよくけんかもした。しかし君の話を聞けば、すべてにきちんとした理由があった。正義のためのけんかと理解できた。それに、年下の子や女の子には手を出さなかったのも、わが子ながら立派だと思っていた。

中学の頃にはすでに将来の目標が決まっていたね。それに向かって努力を続け、高校、大学と進学した。その頑張りが実を結び、就職も望む会社に勤めることができるようになった。就職が決まったという報告をしてくれたときの、和雄の嬉しそうな顔を忘れない。私も、わが子ながら誇らしげに思った。

社会人になって五年、上司の方にかわいがってもらい、同僚の皆さんの信頼を得、仕事も順調に進んでいることが、たまに話す君の言葉の端はしから読み取れて嬉しかったものだった。

最近では、将来のよき伴侶も見つかって、近々、私たち夫婦に紹介するといってくれていたのに……残念としかいいようがない。

しかし、君のことは、私たち夫婦の心の中では生き続ける。また、上司の方、同僚やお友達の皆さんの中でも、きっと生き続けてくれると思う。

短い人生だったけれど、私たちの子供として生まれてくれてありがとう。安らかに眠ってくれ。

無念さを素直に語る

❶わが子を亡くした無念さを素直に語ってもよいでしょう。

故人のよい面を伝える

❷親から子への弔辞では、子供の人柄や行いのよい面を伝え、褒めてあげてもよいでしょう。

五十代　男性
父

弔問側のあいさつ

●無宗教葬●

「無宗教葬」とは、宗教にのっとった儀式を一切行わず、自由なスタイルで行う葬儀のことをいいます。

決まった形式はなく、故人の遺志や故人の趣味などにそって、その故人のためだけのオリジナルな葬儀を作っていくことができます。

個人葬だけでなく、いろいろな宗派の人たちが集まる社葬や団体葬では、このスタイルで行われることが多くなってきました。

ポピュラーな形としては、祭壇に花をいっぱいに飾り、故人が好きだった音楽をBGMとして流すか、その場で楽器を演奏したりするものがあります。

形式が自由な分、プランをしっかり立てる必要があります。親族をはじめ、参列者の協力も不可欠です。

無宗教葬では埋葬できない場合もありますので、菩提寺や葬儀社などに相談しながら進めるといいでしょう。

186　187

文例の要点解説

文例の傍線を付した箇所について、説明を加えています(丸数字で対応させています)。

読み手(弔辞)、話し手(あいさつ)の年齢、性別、故人との関係

亡くなった人の年齢

第1章
葬儀の基礎知識

いざ葬儀、というときに慌てなくてすむように、葬儀の流れや宗教・宗派の違い、香典の包み方、服装など、喪家側・弔問側が知っておきたい葬儀の基礎知識についてまとめました。

葬儀の流れ《仏式》

葬儀・告別式の式次第は、宗派によって僧侶の行う作法に多少の違いがあります。一般的な流れは表の通りです。

	式の流れ	喪家側	弔問者側
危篤～納棺	●危篤・臨終 ●末期の水 ●湯灌 ●死化粧 ●死装束 ●枕飾り ●枕づとめ ●納棺	▲死亡診断書と死亡届（↓P.18）	
通夜	①受付開始 ②一同着席 ③僧侶入場 ④僧侶読経 ⑤焼香 ⑥僧侶法話 ⑦僧侶退場 ⑧喪主あいさつ ⑨通夜ぶるまい	▲お悔やみへの返礼（↓P.207） ▲喪主のあいさつ（↓P.210） ▲通夜ぶるまい開始と終了時のあいさつ	■弔電を打つ（↓P.127） ■受付でのあいさつ（↓P.26） ■お悔やみの言葉（↓P.26）
葬儀・告別式	**葬儀・告別式** ①一同着席 ②僧侶入場 ③開式の辞 ④僧侶読経・引導渡し ⑤弔辞朗読・弔電披露	▲お悔やみへの返礼（↓P.207）	■受付でのあいさつ（↓P.26） ■お悔やみのことば（↓P.26） ■弔辞を読む（↓P.32）

	⑥読経 ⑦遺族焼香（読経中） ⑧僧侶退場 （休憩） ⑨喪主あいさつ ⑩閉式の辞 ⑪僧侶読経 ⑫会葬者焼香（読経中） ⑬僧侶退場 ⑭閉式の辞	▲喪主のあいさつ（→P.214）
出棺・火葬	●最後の対面 ●別れ花 ●釘打ち ●出棺 ●納めの式 ●火葬 ●骨揚げ	▲出棺時のあいさつ（→P.244） ▲火葬場でのあいさつ（→P.245）
遺骨迎え	●後飾り ●清めの塩 ●遺骨安置 ●精進落とし	▲精進落としでのあいさつ（→P.246） ▲精進落とし後のあいさつ（→P.246）
葬儀後	●礼状 ●挨拶回り ●香典返し	▲葬儀後のあいさつ回り（→P.248） ▲葬儀後に行う諸手続き（→P.252）

葬儀の流れ《神式》

神道では、葬儀のことを葬場祭または神葬祭といいます。喪家か斎場などで営まれるのが普通です。一般的な流れは表の通りです。

	式の流れ	喪家側	弔問者側
危篤～納棺	●危篤 ●末期の水 ●枕直しの儀・枕飾り ●帰幽奉告の儀（死者が出たことを神社へ連絡し、神に奉告してもらう） ●納棺の儀 ●柩前日供	▲死亡診断書と死亡届（→P.18）	■弔電を打つ（→P.127）
通夜祭・遷霊祭	①斎主入場 ②遺族、近親者入場 ③斎主一拝 ④遷霊の儀 ⑤献饌 ⑥祭詞奏上 ⑦玉串奉奠 ⑧撤饌 ⑨斎主一拝 ⑩斎主退場 このあとに、「直会」を設ける。	▲お悔やみへの返礼（→P.207） ▲直会前と後のあいさつ	■受付でのあいさつ（→P.26） ■お悔やみの言葉（→P.26）

葬場祭	出棺祭	火葬祭	帰家祭
①遺族・参列者着席 ②斎主入場 ③開式の辞 ④修祓 ⑤献饌 ⑥斎主祭詞奏上 ⑦弔辞・弔電 ⑧玉串奉奠 ⑨撤饌 ⑩斎主一拝 ⑪斎主退場 ⑫喪主あいさつ ⑬閉会の辞 ⑭一般告別式 ⑮親族代表あいさつ	●最後の対面 ●別れ花 ●釘打ち ●祓除の儀	※炉前祭ともいう ●祭詞奏上 ●玉串奉奠 ●骨揚げ（埋葬祭）	●帰家修祓の儀 ●直会
▲お悔やみへの返礼（→P.207） ▲喪主のあいさつ（→P.214）	▲出棺時のあいさつ（→P.244）	▲火葬場でのあいさつ（→P.245）	▲葬儀後に行う諸手続き（→P.252）

■受付でのあいさつ（→P.26）
■お悔やみのことば（→P.26）
■弔辞を読む（→P.32）

葬儀の流れ《キリスト教式》

キリスト教式の葬儀は、普通、教会の主導で行われます。カトリック、プロテスタントの一般的な流れは表の通りです。

仏式	カトリック	プロテスタント	喪家側	弔問者側
危篤・臨終・納棺	●終油の秘跡 ●納棺式（祈り／聖書朗読／聖歌合唱）	●聖餐式 ●納棺式（牧師の祈り／讃美歌合唱／聖書朗読）	▲死亡診断書と死亡届（→P.18）	■弔電を打つ（→P.127）
通夜	**通夜の集い** ①聖歌合唱または黙祷 ②聖書朗読 ③説教 ④お祈り ⑤献香 ⑥結びの祈り ⑦遺族のあいさつ ⑧茶菓のもてなし	**前夜祭** ①讃美歌斉唱 ②聖書朗読 ③お祈り ④讃美歌斉唱 ⑤説教 ⑥讃美歌斉唱 ⑦献花 ⑧茶菓のもてなし	▲お悔やみへの返礼（→P.207）	■お悔やみの言葉（→P.26）
葬儀・告別式	**葬儀ミサ** ①聖歌斉唱 ②祭壇・棺への献香 ③祈りへの招き ④集会祈願	**葬儀式（召天祭）** ①奏楽 ②讃美歌合唱 ③聖書朗読 ④祈祷	▲お悔やみへの返礼（→P.207）	■受付でのあいさつ（→P.26） ■お悔やみの言葉（→P.26）

	出棺・火葬	精進落とし
⑤言葉の典礼 ⑥共同祈願 ⑦感謝の典礼 **告別式** ⑧はじめの言葉 ⑨聖歌斉唱 ⑩司祭の言葉 ⑪棺への献香（司祭） ⑫棺への撒水（司祭） ⑬告別の祈り ⑭結びの祈り ⑮献花（司祭） ⑯司祭退堂 ⑰弔辞・弔電 ⑱遺族のあいさつ ⑲献花と聖歌 ⑳茶菓のもてなし	●聖歌合唱 ●祈り ●骨揚げ	茶菓でのもてなし
⑤讃美歌斉唱 ⑥故人略歴 ⑦葬儀の辞 ⑧祈祷 ⑨弔辞・弔電 ⑩讃美歌合唱 ⑪祝祷 ⑫奏楽 ⑬遺族あいさつ ⑭告別献花 ⑮奏楽 ⑯茶菓のもてなし	●聖書朗読 ●祈り ●讃美歌合唱 ●骨揚げ	茶菓でのもてなし
▲喪主（遺族）のあいさつ（↓P.214） ■弔辞を読む（↓P.32）		▲葬儀後に行う諸手続き（↓P.252）

死亡届・死亡診断書

法律では、死亡した事実を知った日から七日以内（国外で死亡した場合には三カ月以内）に、親族や同居者等が死亡届を提出することが定められています。死亡届が受理されないと火葬許可証が交付されないため、死亡した当日か翌日には届けるのが通例です。

死亡届の用紙は死亡診断書と一対になっています。病院で亡くなった場合は病院が用意してくれますが、市区町村役場の戸籍課や葬儀社でももらえます。病気や老衰が原因で亡くなった場合は、死亡を確認した医師が「死亡診断書」を作成します。事故死や変死、自殺だった場合は、警察の監察医によって検視が行われ、「死体検案書」が作成されます。

提出先は、死亡者の死亡地か本籍地、または届出人の住所地のいずれかの市区町村役場。休日・祭日・夜間を問わず受け付けています。代理人が提出する場合は、届出人と代理人の印鑑が必要です。

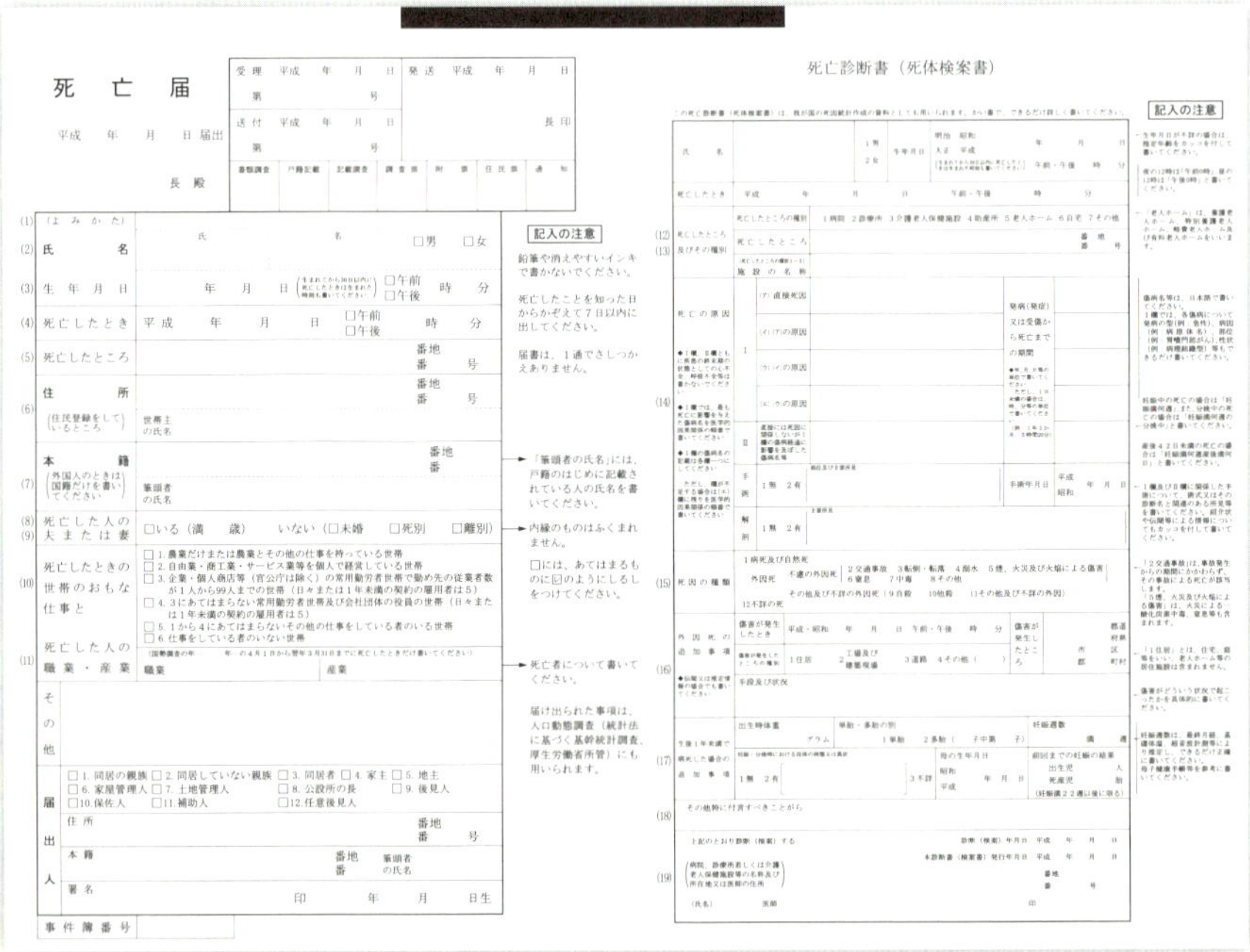

死体火葬許可証

死亡したとき、遺族が勝手に火葬したり埋葬したりすることはできません。死後二十四時間以上が経過するまでは、火葬や埋葬をしてはいけないことが法律で定められています。

通常は、死亡届の提出と同時に死体火葬許可証交付申請書を役所へ提出します。

死体火葬許可証は申請書の提出後、その場で交付されます。

死体火葬許可証は火葬場に提出します。火葬許可証は、火葬が終了すると、必要事項が記入され、証明印とともに返却され、これがそのまま「死体埋葬許可証」となります。埋葬許可証は、死体の埋葬・納骨時に必要となるものです。

申請先は死亡届と同様に、死亡した場所か本籍地または届出人の住所地いずれかの市町村役場戸籍課です。

第　　号

死体火葬許可証

死亡者の本籍	
死亡者の住所	
死亡者の氏名	
性別	
出生年月日	
死因	
死亡年月日時	
死亡の場所	
火葬の場所	
申請者の住所氏名及び死亡者との続柄	

平成　年　月　日

千代田区長 石川　雅己

(注) 死因欄中第1条第4号に規定する感染症の際は「一類感染症等」と記載されます。
そうでないときは「その他」と記載されます。

宗教・宗派の違いの心得

各宗教の死や葬式に対する考え方

◉仏式

仏教では、死者は仏となり、極楽浄土に迎えられると考えられています。そこで死者に戒律を与え仏弟子とし、極楽浄土へ導くための引導を行うのが葬式の意味です。つまり、死者の魂の救済をするわけです。

ただし、宗派によって多少考え方の違いがあり、例えば禅宗には「浄土」という考え方はなく、引導は死者が成仏するために唱えられます。また浄土真宗では、死後はただちに阿弥陀仏の力によって浄土に入ると考えるので、引導は行いません。

◉神式

神道では葬式は、死の汚れを清めて、死者の魂を慰め、その家の祖霊として祀り、遺族を守ってくれるように祈るという考え方に基づいています。

神道での葬式は葬場祭、あるいは神葬祭と呼ばれ、仏式の葬儀と告別式を合わせたような儀式です。一般会葬者による玉串奉奠はこれとは別にし、告別式として行う場合もあります。

神道では死の世界を底根国などと呼び、忌む習慣があるため、聖域である神社では葬儀を行いません。

◉キリスト教式

キリスト教の場合は、基本的に死は神のもとに召されることだと考えます。そこで、葬式は死者の魂が神のもとに受け入れられることを祈り、またそれを祝福するものということになります。

日本で行われるキリスト教式の葬儀では、仏式の焼香や神式の玉串奉奠に代わるものとして、「献花」を行うことが多いようです。

献花には、茎の長い白い花が使われます。持参しても構わないのですが、普通は会場に準備してあるので、それを使います。

＊

このように、各宗派で知っておくべきマナーはありますが、大切なのは、故人を送る気持ちです。いずれの場合も、喪家のやり方に素直に従って故人を送るようにすればよいでしょう。

【言葉遣い】

宗教によって言葉遣いが異なることもあります。例えば、「成仏・往生・他界・冥福・極楽浄土(禅宗除く)・輪廻・涅槃」などは仏教用語ですので、仏式の葬儀以外では使わないように注意しなければなりません。また、「帰幽・祖霊・守護神」などは神道の用語、「昇天・召天・神の御元」などはキリスト教の用語ですので、覚えておきましょう。

【供　物】

宗教によって供物のマナーが異なります。次のものは、贈ってはいけないものです。

仏　　式……海の幸、お酒(精進落としをするため)

神　　式……ろうそく　線香(神道では香を焚きません)

キリスト教式……造花(花は生花のみを捧げます)

※ただし、供花が許されない場合は、自宅に届けます。

香典の包み方と渡し方

香典は、故人の霊を供養するために、香りを捧げていたことに由来する習慣です。現在では香に代わって現金を送るようになりました。袋の包み方や表書きの言葉など、知っておきたいマナーがあります。

◉不祝儀袋

《中包み》

正式な香典は、中包みとして半紙で包み、それを奉書紙で包んで水引をかけます。現在は、市販の祝儀袋についている袋を使うことが多いようです。

【現金の包み方】

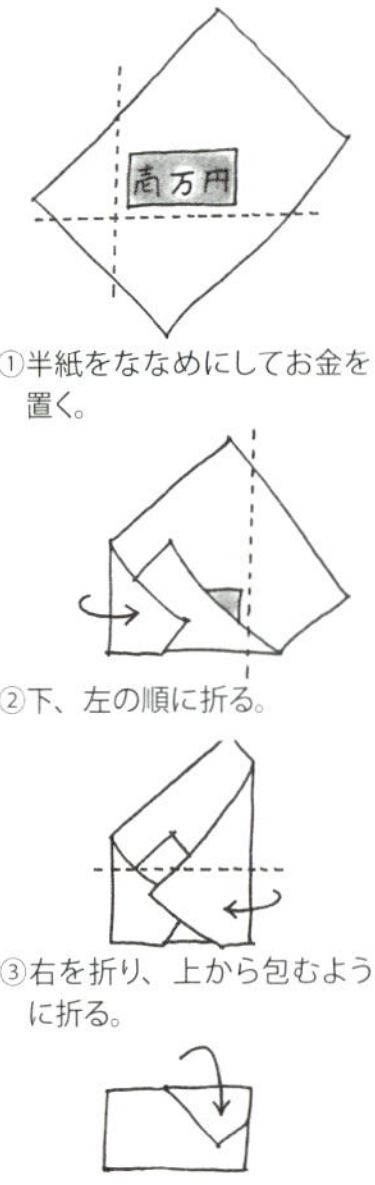

①半紙をななめにしてお金を置く。
②下、左の順に折る。
③右を折り、上から包むように折る。
④はみ出した部分を折る。

《表書き》

宗教によって不祝儀袋の表書きが異なります。葬儀の場合、仏式（浄土真宗を除く）・神式・キリスト教式のすべてに共通で使える「御霊前」が便利です。ただし、浄土真宗だけは霊の存在を認めていないため、「御仏前」とします。

なお、キリスト教にはもともと香典の習慣はありませんが、日本の葬儀では現金を送ることが多いようです。

香典の表書きの例

- 仏　　式……御霊前(浄土真宗を除く)、御香典、御香奠、御香料、御香華料
- 神　　式……御霊前、御玉串料、御榊料、御神饌料
- キリスト教式……御霊前、御花料、御ミサ料(カトリックの場合)

◉水引

表書きを書いた奉書紙に、銀色か白黒の水引をかけます。白黒の水引の場合は黒い方を右にします。

水引の結びかたは結び切りにします。結び切りとは、簡単にほどけない結びかたで、「もう二度と（不幸が）訪れないように」という意味が込められています。

◉香典の供え方

香典は、通夜に出席するなら通夜に、そうでなければ葬儀に持参します。受付で差し出す場合と、祭壇へ直接供える場合があります。差し出すときは、必ずお悔やみの言葉（「どうぞ、御霊前にお供えください」など。浄土真宗では「御霊前」を「御仏前」に代えます）を述べるようにします。

やむをえず香典を持参できない場合は、お悔やみの手紙などを添えて送ってもかまいません。その場合も、お金は不祝儀袋に入れます。

【ふくさの包み方】

香典は、ふくさで包んで持参するのがマナーです。むき出しで持っていくのは避けたほうがよく、ふくさがない場合は、地味な色の風呂敷に包みます。

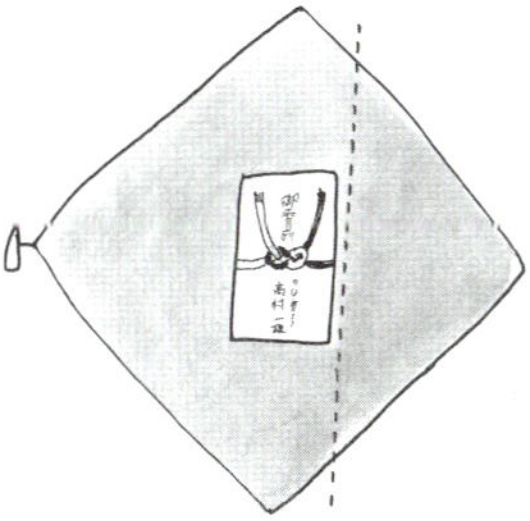

❶ツメを左側にして不祝儀袋を中央に置き、右側を折る。

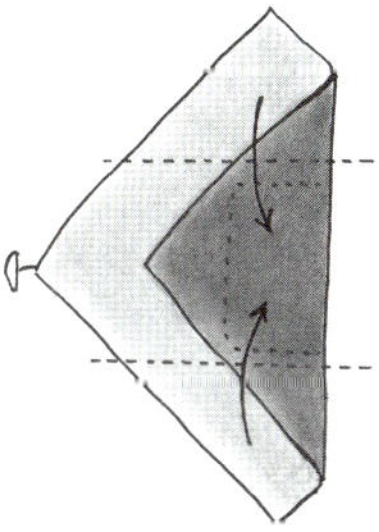

❷下を折り、上を折り重ねる。

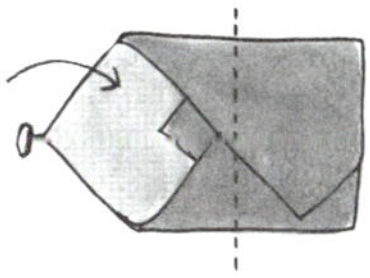

❸左側を折る。

❹裏側でツメをとめる。

C O L U M N

弔事の装い

弔事での服装ですが、通夜では、喪家側は男性なら黒のスーツを、女性は和装の喪服か黒のワンピースまたは黒のスーツを着用します。弔問側は男女とも略式喪服か地味な平服(ダークスースなど)を着用します。

葬儀・告別式では喪家側は男女とも和装・洋装の正式喪服とします。弔問側は男性、女性とも略礼服とします。

男性の服装

略礼服

- 黒やグレーのスーツ
- 黒のネクタイ、靴下、靴
- 白のシャツ
- タイピンはしない

正式喪服（洋装）

- 黒のモーニング。
- 黒のベストとネクタイ
- 白のシャツ
- 黒とグレーの縞のズボン

正式喪服（和装）

- 黒羽二重の五つ紋の羽織
- 着物
- 博多平または仙台平の袴

女性の服装

略礼服

- 地味な色のスーツまたはワンピース
- 黒のバッグと靴

正式喪服（洋装）

- 黒のワンピースまたはスーツ
- 黒のバッグと靴
- 黒のストッキング

正式喪服（和装）

- 黒無地五つ紋の着物
- 黒の帯
- 半襟、足袋
- 白の長じゅばん

第2章

弔問側のあいさつ

弔問側の通夜・葬儀でのあいさつは、手短にすませることがマナーですが、場面に応じて言葉づかいを変えることも必要です。また、弔辞は頼まれたら引き受けるのが礼儀です。美文を書く必要はありませんが、心に響く弔辞の書き方を実例で紹介します。

弔問側のあいさつのポイント

喪家を訪れてお悔やみを述べることを「弔問」といいます。

弔問で何より大切なのは、**遺族への思いやりと状況に応じた配慮**です。

例えば、深い悲しみに沈んでいる遺族の悲しみをさらに増長させたり、不愉快な思いをさせたりする言葉づかいや行動は慎まなければなりません。

また、式が終わるまで遺族は何かと忙しいということを察して、遺族の手をわずらわせたり、進行を妨げたりするようなことがないよう気をつけます。

伝えたいことがたくさんあるとしても、弔問では、**手短にお悔やみの言葉を述べる**のがマナーです。

一般的なお悔やみ

◎このたびは、ご愁傷様でございます。心よりお悔やみ申し上げます。**(共通)**
◎このたびのご不幸、まことに残念でございました。さぞお力落としのことかと存じます。どうぞ、ご自愛ください。**(共通)**
◎このたびは本当に残念なことでございました。ご心中をお察しすると、お慰めの言葉もございません。心よりご冥福をお祈り申し上げます。**(仏式)**
◎お知らせいただきありがとうございました。お別れに伺いました。もうお会いで

●声のトーンは低めにおさえます。お悔やみは手短に述べ、故人の死因などを聞くことは避けます。
●「ご冥福」「往生」「供養」は仏式葬儀で用いられる言葉です。なお仏式でも浄土真宗では「冥福」などの言葉は使いません。

きないのがとても寂しいです。安らかなお眠りをお祈りいたします。（キリスト教式）

子どもを亡くした方へのお悔やみ

◎このたびのご不幸、まことにご愁傷様でございます。ご両親のご心中を思うと、何と申し上げてよいか、言葉もございません。心からお悔やみ申し上げます。（共通）

◎このたびは本当に残念なことでございました。ご遺族さまのご心中をお察しすると、御慰めの言葉もございません。心よりご冥福をお祈りいたします。（仏式）

●子どもを亡くした両親にはかける言葉もないというのが実際のところです。その気持ちを素直に表します。

●子ども同士の仲がよかったなどの場合をのぞき、同じ年ごろの子どもを連れていくのは避けたほうがよいでしょう。

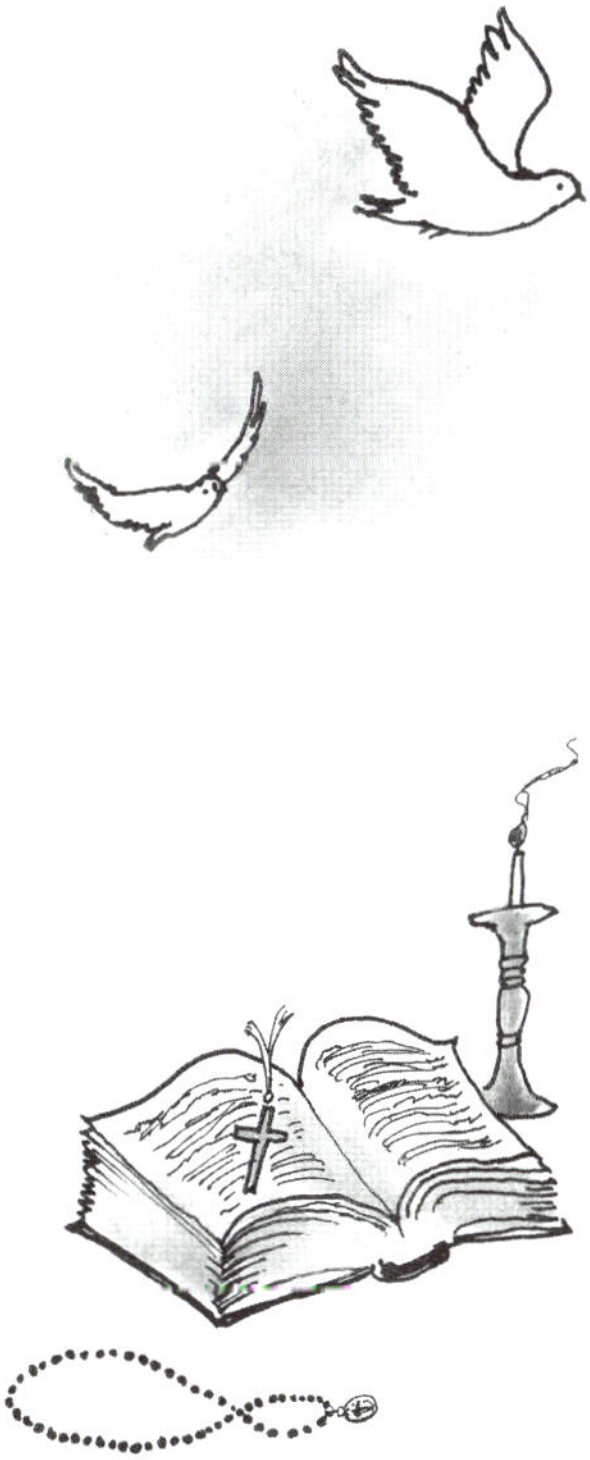

手伝いを申し出るとき

◎このたびは、まことにご愁傷さまでございます。心からお悔やみ申し上げます。何かお手伝いできることがございましたら、遠慮なく何なりとおっしゃってください。（共通）

◎このたびは本当に残念なことでございました。心よりご冥福をお祈り申し上げます。私でお力になれることがありましたら、気軽に声をかけていただければと思います。（仏式）

●近所に住んでいて手伝いを申し出るときは、「お隣ですから」などの言葉を添えてもよいでしょう。

●手伝いを断られたら、「それでは、あらためて通夜（告別式）にまいります」のように答えるとよいでしょう。

故人との対面を勧められたら

◎ありがとうございます。それでは、お別れをさせていただきます。（対面後）まるで眠っていらっしゃるような穏やかなお顔ですね。私も少し心が落ち着きました。ありがとうございました。（共通）

〈辞退する場合〉

◎ありがとうございます。せっかくですが、お会いして取り乱してもいけませんし、かえってつらくなるような気がいたしますので、ご遠慮させていただきたく存じます。（共通）

●気持ちの整理がついていなかったり、動揺してしまいそうなときは、辞退しても構いません。

告別式での弔辞

以下のページでは弔辞のマナーを解説したあと、さまざまなケースでの弔辞の文例を紹介していきます。文例は亡くなった方と読み手の組み合わせを86通り用意しました。ご自分の言葉を使ってアレンジしてお使いください。

弔辞の流れ

始めの言葉
←驚き・悲しみ
←故人のエピソード
←故人へのメッセージ
←冥福を祈る

弔辞のマナー

【弔辞を依頼されたら】

弔辞とは、亡くなった人を弔う言葉で霊前に捧げるもの。故人に捧げるお別れの言葉ですから、遺族は、最後に送ってもらったら故人が最も喜ぶだろうと思える人に依頼するのが普通です。

ですから、弔辞は依頼されたら、よほどの事情がない限りは、快く引き受けるのがマナーです。

【原稿を用意する】

弔辞を引き受けたら、話す内容を考えます。

紙に書かず、その場で思いついたことを話すというのはマナー違反です。葬儀後に喪家に保存されるものでもありますので、必ず、原稿を作成するようにします。

長さの目安は、400字詰め原稿用紙2~3枚、時間にして3分間くらいが一般的と言われていますが、念のため、世話役などに確認しておくとよいでしょう。

【弔辞の構成】

弔辞は名文である必要はありません。美辞麗句を並べたてるというよりは、自分が故人を悼む気持ちを素直に表現することが大切です。

弔辞は、たいてい、次のような構成になります（詳しくはP32以降の実例を参照）。

1. 故人への呼びかけ
2. 訃報に接した驚きや悲しみ
3. 生前のエピソード
（故人との関係・故人の人柄・故人との思い出）
4. 故人・遺族へのメッセージ・お悔やみの言葉
5. 冥福を祈る言葉・別れの言葉

（順序等は入れ替わることもあります）

【弔辞の書き方・用紙】

弔辞は巻紙か奉書紙に薄墨でしたためるのが正式な書き方です。毛筆で書くのが正式ですが、最近では略式として、便箋にペンで書いたり、ワープロで作成したりということも許容されてきているようです。毛筆の場合は、字の上手な人に清書してもらう場合もありますが、下手でも自分で書きたいという気持ちも大切にしたいものです。

書き終えた弔辞は、「弔辞」または「弔文」と表書きした白い上紙に包みます。

【弔辞の読み方】

司会者に名前を呼ばれたら、祭壇の前に進みます。このとき、弔辞はポケットに入れるか、左手に持っておきます。霊前では、遺族・参列者に一礼をし、遺影にも一礼をしたあとで、弔辞の上包みを右手で開き、胸の高さに弔辞を捧げ持ち、読み始めます。

読むときは、「弔辞」と言ってから、故人に語りかけるような調子で、遺族や参列者に聞こえるように、ゆっくり、はっきり読み上げます。

心をこめて、ていねいに読んでいきますが、必要以上に感情を込めすぎると、芝居がかって、わざとらしく聞こえる場合がありますので、そうならないように注意します。

途中で涙がこみ上げてきて詰まってしまうようなときは、いったん中断し、心を落ち着けてから続けます。

【読み終えたら祭壇に】

読み終えたら、元の通りに包んで、ご尊前に捧げます。表書きは祭壇から読める向きに置きます。

遺影、遺族・参列者に一礼して自分の席に戻ります。

幼なじみの病死を悼んで（二十代）

二十代　女性
友人

始めの言葉／驚き、悲しみ／エピソード

❶森村直美さん、幼なじみに免じて、直ちゃんと呼ばせてください。

私たちはお互いにまだ二十五歳。それなのに、あなたのご霊前に弔辞を捧げることになろうとは思ってもいませんでした。

母を通じて❷直ちゃんの思いがけない訃報を聞いたとき、悪い夢を見ているとしか思えませんでした。がんは、私たちの親以上の世代の病気と思っていましたので、直ちゃんががんで亡くなるなんて……。

私たちは生まれ育った家がすぐそばで、小学校から中学、高校まで同じ学校に通いましたね。小学校の二年間、中学の一年間はクラスも同じでしたから、本当にたくさんの思い出がありますね。

❸特に、運動神経がまったくない私と違って、直ちゃんは運動大好きで小柄ながらエネルギーいっぱい。中学校からはバスケットボール部に所属して、ポジションはポイントガードでしたね。広い視野と素早い判断力、速い足でフォワードやセンターの人たちに大きな声で指示を出していました。私は帰宅部で、帰るときに体育館の横を通るたびに見聞きしたその声と姿が、今でも脳裏に浮かびます。

おうちが理容室だったため、高校を出てからの直ちゃんの夢はファッション誌の

故人に語りかける

❶故人へ語りかける場合、基本的には大きな声やおおげさな表現は避けるようにします。

生前の呼び方を使う

❷弔辞で故人の名前を呼ぶときは、生前と同様の呼び方でいいでしょう。ただし、失礼なあだ名などは避けるようにします。

エピソードを語る

❸故人がどのような人物であったのかを、エピソードを交えて紹介します。

冥福を祈る　お悔やみの言葉　現在の心境

モデルさんのヘアやメイクをするような美容師でしたね。上京した後、直ちゃんは専門学校を出て渋谷にある美容室に勤めることとなり、その夢に向かって着々と歩んでいました。私は短大を出て保母の道を選んだため、最近ではあまり会うことはできなくなっていましたけど、田舎に帰るたびに、直ちゃんの頑張りぶりを耳にしていました。また、ご同業の素敵な彼氏ができたといううわさも聞いていました。

それなのに志半ばで、また彼と結婚するという希望を果たせぬまま病に倒れ、あっという間に帰らぬ人になってしまうなんて本当に信じられません。昨日、直ちゃんと遊んだお寺や神社の境内、中学校や高校のそばを通ったら、直ちゃんの声が聞こえるような気がして、と同時にもう直ちゃんに会えないという思いが胸に迫り、涙がこぼれてきました。

❹どう考えても理不尽な、早すぎる死ですけれども、直ちゃん、心からご冥福を祈ります。お父様、お母様、お兄様をはじめ、ご遺族にはおかけする言葉もありません。お嬢様、かわいい妹、孫を急に失われて、さぞご無念のことと思いますが、どうぞ直ちゃんの安らかな眠りのためにもご自愛なさってください。

❹直ちゃん、もう闘病は終わりです。どうぞ安らかに、ゆっくりと眠ってください。

お別れの言葉を伝える

❹惜別の言葉を伝え、冥福を祈ります。

友人・知人への弔辞

幼なじみの病死を悼んで（七十代）

七十代　男性
友人

始めの言葉

鈴木隆君、今日がお別れの日ですから、今までのように隆君と呼ばせてください。

驚き、悲しみ

君が闘病中ということは伺っていましたが、また元気になって「この通り手術は成功したよ。俺は不死身だろう」と、例の非常にチャーミングな笑顔で酒を酌み交わせる日が来ると信じていたので、本当に驚いています。開腹してみたら、思ったより転移が進んでいたとのことだけれど、早すぎるよ。本当に残念だ。

隆君は、最近病気がちな僕を気遣って、いつも会うたびに「この頃、体調はどうだい？」と真っ先に聞いてくれました。その君が僕より先に逝ってしまうなんて、世の中は理不尽だよね。

❶隆君とは小学校低学年以来の知り合いですから、六十年来の友達ということになりますね。二人で会うと、一年ぶりでも、七十歳を過ぎてからでもすぐに昔の幼なじみに戻り、少年の頃に二人で企んだいたずらの数々を思い出したものです。

エピソード

❷僕らが少年だった頃は、おもちゃもゲームもほとんどなく、遊びといえば自然相手に男の子ばかりでつるんでいたよね。お寺の境内では二手に分かれての「駆逐水雷」をよくやったっけ。夏休みになれば、川遊びにセミ取り、昆虫採集、冬には裏山で鳥もちを使って鳥を取ったりもしたよな。隆君はセミや鳥を捕まえるのが得意

故人との関係を述べる
❶故人との関係を簡単に説明します。

故人の人柄を紹介する
❷故人がどのような人物であったのかを、エピソードを交えて紹介します。

故人へのメッセージ
結び

で、隆君と仲良しの僕は、セミ取りでも、鳥でも、いつもいい思いをさせてもらった。でも、セミも必要以上に捕まえず、捕まえたら放してやるなど、今でいうキャッチアンドリリースをしてたよな。虫取りや鳥を捕まえるのが得意な少年は、それだけでも後輩たちに人気があるのに、隆君はそんな優しい面もあったから、後輩のあこがれの的だったし、どんなときでも後輩の面倒見がよかった。末っ子で、弟も妹もいなかった僕は、隆君から後輩たちとの付き合い方を学ばせてもらったと思っています。

❷中学校では二人ともバレーボール部で頑張ったけど、三年生のとき、僕がキャプテンをやれたのも、隆君に学んだ後輩の面倒見が大いに役立ったし、副キャプテンとして支えてもらったことも、僕の大事な思い出です。

今頃、そちらの世界で、五年前に先立たれた最愛の奥さんのひろ子さんに会っているだろうか。同じがんで亡くなるなんて、やっぱり君たちは愛し合っていたんだね。ひろ子さんは、今、息子さんご夫妻に抱かれている二人のお孫さんの誕生を知ることなく亡くなったから、お孫さんについて報告でもしてるんだろうか。

こんなときに自分のことを言って申し訳ないけど、君という友人がいなくなってしまったので、僕の人生の大きな楽しみが一つなくなってしまった。❸それに代わる楽しみが見つかるかどうかはわからないけど、君が迎えに来てくれるまで、頑張って生きていくよ。

❸また会うまで、しばしのお別れだ。さようなら隆君。

惜別の言葉を述べる

❸惜別の言葉を述べて、お別れの言葉とします。

旧友の自死を悼んで（五十代）

五十代　男性
友人

驚き、悲しみ

エピソード

❶佐藤徹君、急に逝ってしまわれて、僕の心の中にはぽっかりと穴があいてしまったようです。今、僕はとても信じることができないし、信じたくない気持でいっぱいです。

❷君とは小学校、中学校、高校が同じで、毎日のように一緒に学んだり遊んだりしていた。大学からは別々の道を歩んだので、年に一、二回しか会えなかったけれど、大事なよき友だった。

四十年以上も付き合いの中で、僕は、話をしなくても君の目さえ見ていれば、君が何を考えているかわかっているつもりだった。

❷君が、ここにいる奥様と結婚を考えているときも、僕は君が何も言わずとも言い当てて、ビックリしていたね。その日のうちに彼女に会わせてくれた。幸せそうで自慢げな君の顔がいまも忘れられない。

その後もお互いに、結婚や子供の出産など、節目節目には必ず会って酒を酌み交わしたことも忘れられない。よき夫として、父親としてとても幸せに暮らしていることも、君の目を見ているだけでわかった。

❷もちろん、悩みも話し合った。ご長男が進路で悩んでいるとき、どのように対処

自分の思いを伝える
❶悲報を聞いたときの思いを語ります。

故人との関係を述べる
❷故人との関係を語り、古くからの友人としてのエピソードを語ります。

冥福を祈る　亡くなった理由・状況

すればよいかを朝まで話したことがあったね。あのときのご長男の立場に立って考えていた君の姿勢が忘れられない。その後、僕は君のそのときの相手の立場になって考える姿勢を参考にしている。

しかし、今年の正月、君の目は沈んでいた。仕事が順調にいっていないという話は聞いていたので気にはなっていた。けれど徹君のことなので、いつものように悩みながらも現状を打破していくことだろうと信じていた。それに、普段通り、快活に話しをしていたので、それほど心配はしていなかった。あのときに、君のつらさを僕に打ち明けてくれれば。目の奥にある君の心を読み取っていればと、今はとても悔しい。

しかし、思慮深い君が選んだ道に誰もとやかくはいえない。今は、きっと安らかな気持ちで私たちを見守っているに違いない。思い切って、最後のさようならを言わせていただきます。

徹君、本当にお疲れさまでした。ご冥福を心からお祈りいたします。

●通夜・告別式に行けないとき●

訃報を受けて、通夜や葬儀に出席できないときは、ひとまず弔電を打ちます(127ページ参照)。また、可能なら、代理を立ててもよいでしょう。

何らかの手違いで連絡が来なかったり、長期の出張などで、葬儀・告別式が終わってから知人や友人が亡くなったことを知る場合もあります。

上記のいずれかの理由で通夜や葬儀に出席できなかった場合は、できるだけ早く、喪家に遺骨が安置されているうちに弔問するようにします。このときの弔問の仕方については、99ページを参照してください。

墓参する

かなり日数が経ってから亡くなったことを知り、遺骨がすでに納骨されているときは、墓参することになりますが、この場合、直接墓所に行くのではなく、まず喪家を訪れて、喪家に弔意を表すのがマナーです。

その後、墓所を聞き、墓参するようにするのが礼儀です。

旧友の事故死を悼んで（五十代）

五十代　男性
友人

始めの言葉

驚き、悲しみ

エピソード

佐藤肇君のご霊前に、謹んで申し上げます。

❶驚いた。何事にも、慎重で冷静沈着な君が事故に遭ってしまうなんて……。君の悲報を聞いたときは、何が起こったのか本当にわからなかったし、信じることができなかった。

肇君とは幼稚園の頃から家が近くだったこともあって、一緒によく遊んだね。高校からは別々の学校へ進んだけれど、時間が合えば遊びにいった。お互いが社会人になってからも、時々、酒を飲みにいったりもしたっけ。それだけに、君のことは一番よく知っているつもりだった。

幼稚園のときには担任の先生を、小学校のときには同じクラスのかわいい女の子を好きになっても、慎重な君は誰にも言わずに過ごしていたね。僕だけにはそっと打ち明けてくれたけれど。

大人になって、奥さんになる人と知り合ったときに、それまでの慎重に物事を進めてきた君があまりにも積極的にアプローチをしたということを聞いて、本当にビックリしたことを覚えているよ。確かに、初めて肇君から奥様を紹介されたときに、すばらしい女性だということはよく分かった。本当に君は奥様を心から愛していた

表現に注意する

❶遺族の悲しみを助長させるような表現に注意します。

支援の申し出

冥福を祈る

んだろう。そのような奥様を残して突然、逝ってしまったことに、君は無念でたまらないだろう。

しかし、君とよく似て誠実な息子さんたちは、しっかりと奥様のめんどうをみているよ。息子さんたちのお嫁さんも、ほら、見るように、奥様のそばにしっかり寄り添っている。

かわいいお孫さんたちも、小さな手で奥様の手をつかんでいるよ。

❷突然のことで、君もどうしていいかわからないでいるかもしれない。でも、息子さんたちも、そのお嫁さんも、幼いお孫さんたちも、君の死を悲しみながらも、奥様を助けて仲よく暮らしていくし、僕もできることはなんでもするつもりだ。

残念な君の気持ちはよくわかるけれど、あとのことは安心して、どうか安らかに眠ってほしい。

❷永遠の友、佐藤肇くん。僕はさようならは言わないよ。また、あとで会おうな。

そのときまで待っていてくれ。

故人への約束を述べる

❷故人に向けて約束の言葉を述べた後に、最後のあいさつをします。

●玉串奉奠（1）●

「玉串奉奠」とは、仏式の焼香にあたるもの。玉串とは榊の枝に紙垂をつけたもので、これを玉串案（台）に供え、神前に捧げる儀式です。注意すべきことは、玉串をつねに水平に保つ、左右の手を上向きにする、かしわ手は音を立てない（しのび手）、の３点です。

玉串奉奠の作法

(1)祭壇に進んで神官に一礼をします。

(2)玉串を葉が左側にくるようにして受けます。根元は上から右手で持ち、左手は葉の下にそえます。

(3)再び神官に一礼し、玉串案まで進みます。

(4)玉串を目の高さにささげ、時計回りに90度回転させて根元を手前にします。

（41ページに続く）

弔問側のあいさつ

友人・知人への弔辞

旧友の病死を悼んで（六十代）

六十代　男性
友人

始めの言葉

竹馬の友、鈴木隆さんの御霊に謹んで申し上げます。

エピソード

あなたと私は、生まれたときから同じ町内に住み、小学校から中学校まで同じときを過ごしました。高校と大学時代、社会に出てからは別々の道を歩みましたが、時間が合えば遊びにいったり、お酒を飲みにいったりしました。それぞれが家庭を持ってからも、機会があるごとに旧交を温めた仲でしたね。

驚き、悲しみ

それにしても、六十五歳で逝ってしまうなんて早すぎます。あなたの命を奪った病気をうらみます。

❶つい一カ月前、病院にお見舞いに行ったとき「大丈夫。すぐによくなるよ。退院したら、また囲碁の勝負をしよう」と言っていたのに……。

お互いの口から出る言葉は、「竹馬の友はいい、損得なしで付き合えるから」でした。私も、あなたを無二の親友として、竹馬の友として、本当に大切に思ってきました。

実は、この弔辞を記すにあたって、竹馬の友の語源を調べてみました。「竹馬に乗って一緒に遊んだ幼い頃からの友達。幼なじみ」とありました。まさに、そのとおりです。

印象的な会話を紹介する

❶故人との印象的な会話の内容を語ることで、自分と故人との関係性を明らかにします。

冥福を祈る

ところが、中国での出典を見ると、本来はライバルという意味をも表しているといいます。あなたと私の関係を見ると、幼なじみであると同時によきライバルでもありました。まさに本来の意味を持つ「竹馬の友」だったのです。

勉強でも、スポーツでも、そして恋愛でも、あなたというライバルがいたからこそ、自分の能力を存分に発揮できたと思っています。

もちろん、ただ勝てばいいという間ではなかったと思います。あなたが一生懸命に努力している姿が見られたからこそ自分も頑張れたし、あなたがあんなにいい奥さんをもらえたからこそ、自分もよき家庭を持てたと思っています。

竹馬の友として、終生のライバルとして、老後は好きな囲碁をけんかしながら楽しもうと思っていたのに……しかし、愚痴ばかり言っていると、あなたのお小言が聞こえてきそうです。

❷また、いつの日か囲碁を一緒に楽しもう。

つかの間のお別れをします。どうか安らかにお眠りください。

惜別の言葉を述べる

❷惜別の言葉を述べて、お別れの言葉とします。

●玉串奉奠（2）●

玉串奉奠の作法（その2）

(5)左手を根元に、右手を葉の下に、両手をいれかえます。

(6)玉串を時計回りに180度回転させ、根元を祭壇側に向け、玉串案に供えます。

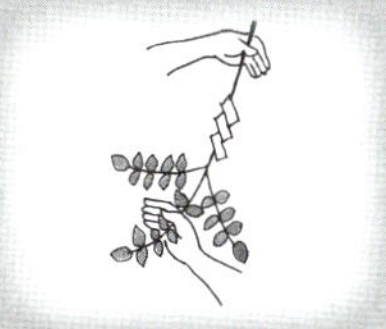

(7)正面を向いたまま、1、2歩下がり、2礼2拍手。このとき音は立てません。

(8)一礼し、神官と遺族に一礼して席に戻ります。

旧友の病死を悼んで（六十代）

六十代　男性
友人

始めの言葉

山野義彦さんのご逝去を悼み、謹んで哀悼の意を表します。

驚き、悲しみ

山野、人生八十年の時代に、少し早すぎはしないか。

もっと生きたかったろうに。もっとやりたいことがあっただろうに。残された僕たちにしても、もっと君には生きていてほしかった。病とはいえ、本当に残念でなりません。

エピソード

❶君との出会いは、大学入学後の新歓コンパで、だった。地方出身の田舎者だった僕には、生まれも育ちも東京の君は、とても洗練された、スマートな男として映った。洗練されすぎていて、最初は仲良くなれそうな気がしていなかった。しかし、たまたま席が隣になり、いざ話を始めてみると、君はとても気さくでいい奴だった。お互いに音楽が好きということが分かり、話は大いに盛り上がった。意気投合した僕たちは、その場でバンドを結成した。後先も考えず……お互いに若かったな。次の日に僕たちは二人そろって軽音楽部に入部届を出すと、以来、大学四年間は、勉強そっちのけで、お互いにせっせとバンド活動にいそしんだ。

大学を卒業してからは、進路が分かれてしまったが、僕は、てっきり君はプロのミュージシャンになるものだと思っていた。それくらい、僕は君の音楽の才能に魅

思い出を具体的に語る

❶故人との思い出を具体的に語ることで、聞いている人にも二人の関係性が伝わりやすくなります。

冥福を祈る　故人への感謝

せられていた。君は曲も書けたし、ギターの演奏技術も、すばらしいものだった。

君がいくつかの職業を経て、予備校の英語講師に落ち着いたと聞いたとき、僕は驚かなかった。音楽の才能が生かせずに、もったいないとは思ったけれど。しかし、君の職業選択は正しかったのだろうね。語学に長けていた君は、すぐに頭角を現し、ほどなく、受験業界で名の知られた存在になっていった。雑誌などにも、ときどき出るようになっていたね。雑誌の広告で君の名前を見つけたときは、いつも記事をチェックした。僕は君の活躍に大いに励まされた。
❷僕が関西で就職したので、会うのは年に一度か二年に一度くらいになっていたが、君との付き合いを思うにつけ、会う回数が友情の深さを決めるのではない、ということを実感している。会わないことが、逆に君との友情を確かめられる気がしたくらいだ。山野、これまで、変わらぬ友情を本当にありがとう。
こういう場ではありますが、都会的でおしゃれ、頭も切れた彼が、ときどき僕に聞かせてくれたくだらない冗談などを思い出したりしています。彼は、誰からも愛される、本当にすばらしい男でした。彼と友人でいられたことは、私の誇りです。彼を失った悲しみは大きいですが、最後の別れは、笑顔で送り出してあげたいと思います。

山野義彦さん、さようなら。またお会いしましょう。

故人への思いを語る

❷友人だからこその、熱い思いを伝えるのもよいでしょう。

友人・知人への弔辞

旧友の事故死を悼んで（六十代）

六十代　男性
友人

始めの言葉

友人代表としてお別れの言葉を述べます。

驚き、悲しみ

❶坂本邦夫君、僕は今、とても悲しい。何もする気がおきません。呆然としている。つい先日、高校の同窓会で会って元気な姿を見たばかりだった。いまだに信じられない気持ちでいっぱいだ。

高度経済成長期に青春時代をともに過ごした僕たちも、当然だが年齢を重ね、同窓会でも、亡くなって出席できない同級生の数が少しずつ、増えている。みんな歳をとった。だから、こういっては語弊があるかもしれないが、君が病死したのなら、自分を納得させることはできたかもしれない。でも、君が事故で亡くなったというのが、やりきれない気持ちをさらに強くさせている。

エピソード

その同窓会で、君は、同じ年齢と思えないほど若々しく、颯爽としていた。そこで見た、君の、高校生のときのままの澄んだ瞳と屈託のない笑顔がありありと思い出される。僕たちには、君が仕事をリタイアして、悠々自適の生活を送っているようにうつっていた。君は第二の人生を存分に謳歌しているように見えていた。君は、趣味で書いている短編小説が、ある文学賞に入選したとも言っていた。独学で始めたという水彩画の腕も、素人の域を完全に脱して、銀座の画廊で個展を開くまでに

今の心情を素直に語る

❶自分の思いを素直に伝えるのもよいでしょう。しかし、感情にまかせて大きな声を出すのはＮＧです。

冥福を祈る

故人へのメッセージ

なっていた。君のあふれるばかりの才能には驚かされてばかりだった。君からもらった絵入りの年賀状や葉書はすべて、今も大切にしまってある。

今となっては遅いかもしれないが、告白しよう。❷高校で同じクラス、同じ運動部に所属していた僕たちを、ライバルと呼ぶ仲間もいたけれど、実は、僕はその当時から、到底君にはかなわないと思っていたのだ。学業にしても、スポーツにしても、恋愛においてさえ、いつも僕は君に負けていた。いつも完敗だった。僕にはその差が分かっていた。だから、僕の君に対する気持ちは、嫉妬ではなく、憧れに近いものだった。君は僕の目標だった。選んだ職業こそ違うが、僕はいつも君に追いつきたいという気持ちでやってきた。

目標を失って、僕はこれから、どうやって生きていったらいいんだい？　坂本、教えてくれ。僕は、このあと何をがんばったらいいのだ？　それほど君は僕にとって大きな存在だった。偉大な存在だった。今の僕があるのは君のおかげだ。

君の死は、どうしようもなく悲しい。でも、君がもし言葉を発することができるなら、「それを乗り越えて進め」ときっと言うだろう。だから、もう少しだけ、僕もがんばってみようと思う。

今日はこう言うのが精いっぱいだ。ありがとう。安らかに眠ってくれ、坂本。

秘めていた気持ちを語る

❷故人への熱い気持ちを伝えてもよいでしょう。正直な気持ちであれば聞く人の心にも届くはずです。

旧友の病死を悼んで（七十代）

七十代　男性
友人

始めの言葉／驚き、悲しみ／エピソード

❶中山雄二さんのご霊前に、謹んで哀悼の意を捧げます。

このたびの訃報に接し、正直なところ、驚きを隠せません。まだ現実のものとして受け入れられないでいます。倒れる直前まで、普通に生活をされていたと伺っています。あまりにあっけなく、人の生のはかなさといったようなものを感じずにはいられません。

中山さんとは、五十年来の友人です。会社の同期で、入社時の研修で、同じ班になったことがきっかけで、親しくなりました。ともに地方出身者でしたので、二人とも独身者寮に入りました。寮ではほぼ毎晩、行動をともにしていました。休みの前日は、必ずどちらかの部屋に行っては、仕事のことからプライベートなことまで、眠るのも忘れて語り明かしたものです。休みの日には、一日パチンコをしにいったり、あまり飲めもしないのに、記憶をなくすほど酔っぱらってみたり……若者特有の、今となっては「くだらない」と思うようなこともたくさんしてきました。

仕事にも慣れ、余裕ができてくると、私たちはお互いに好きな人ができ、それから数年後、私たちはほぼ同じ時期に結婚し、同じように家庭を持ちました。第一子を授かった時期も近かったので、私たちは、文字通り、家族ぐるみでの交際をずっ

驚きを正直に述べる

❶突然の悲報に対する驚きを素直に述べます。

冥福を祈る

と続けてきました。子育てのことや、親の介護のこと……。抱える問題も似ていたので、私たちはお互いに悩みを相談したりもしました。といっても、いつも素晴らしい解決策をくれたのは彼のほうで、私は助けてもらってばかりだったような気がします。

私は四十歳になったのを機に独立していました。そのあとも年に数回は会ってはいたのですが、お互いに仕事から身をひいてからは、会う機会はめっきり減ってきていました。最後に中山さんにお会いしたのは、昨年の夏頃です。彼はご夫婦で千葉に移住していました。「気候のいいその地で本格的な家庭菜園、いや、家庭農園をやるんだ、お前もそのうち遊びに来いよ」と輝きに満ちた目で語っておられたのが印象に残っています。彼は人生を楽しむことが本当に上手な方でした。それが私の目からはうらやましくもありました。彼の人生は満ち足りたものだったのではないか？と想像しています。

❷お子さんたちも立派に成長され、今日はお孫さんたちの姿も見えるようです。まだ信じられない気持ちも強く、また、別れはいつでも悲しいものですが、あなたのお子さんやお孫さんを見ていると、少し安心した気持ちにもなります。

あとのことは大丈夫です。どうか安らかにお眠りください。これまでありがとうございました。

遺族を思いやる

❷遺族を思いやる言葉を述べ、故人を安心させてあげるとよいでしょう。

友人・知人への弔辞

バイト友達の病死を悼んで（二十代）

二十代　男性
友人

始めの言葉

驚き、悲しみ

エピソード

堺健太君、今日は、悲しいお別れの言葉を言いに、ここにやってきました。

❶こんなに早く、彼を天国に呼ぶなんて。もし、神様がいるのなら、僕は神様をうらみます。健太、どうか目を覚ましてはくれないだろうか。もう一度、君の声が聞きたいよ。

　健太君と僕は、同じ飲食店のアルバイト仲間です。ほぼ同じ時期に入った僕たちは、年齢が近かったこともあり、仲良くなりました。大学も異なっていましたし、文系と理系という違いもありましたが、趣味も近かったし、一度話し始めると、僕たちはすぐに打ち解けました。人に好かれる雰囲気を彼は持っていました。また、彼は大変な物知りで、僕は刺激を受けてばかりでした。同じ大学の友人以上に、僕はバイト先で彼に会い、彼と話すことがとても楽しみになっていました。

　アルバイトでは、僕たちは主に洗い場やレジを受け持ったのですが、彼はどんな仕事でも、すぐにコツを覚えて、忙しいときは率先して他の人を手伝っている、そんな場面もよく見かけました。シフトや他のアルバイトの都合などによって、ウエイターをすることもあったのですが、彼は、お客さんの注文を一度聞いただけで正確に暗記するので、「忙しいときにはとても頼りになる」とオーナーがよく褒めて

無念さを語る

❶早すぎる悲報に対し、無念さを語ります。

いたことを思い出します。性格もまっすぐで裏表がなく、女子からもとても人気がありました。

僕たちは、アルバイトを離れても、よく一緒に遊んだり、飲んだりしました。

彼は得意の語学力を生かして、通訳か翻訳家になりたい、とその夢をよく僕に話してくれました。目標達成に向けて相当に勉強もしていたと思いますが、ガリ勉の感じはまったくしませんでした。地頭（じあたま）がとてもよい人だったんじゃないか、と思います。

彼がバイト先で倒れたのは、半年ほど前のことです。そして、そのまま入院してしまいました。難しい病気ということは伺っていましたが、僕は、彼のことだから、きっと病気を克服してくれるだろうと思っていました。❷お見舞いに行ったときも、決して弱音を吐かずに、かえって僕たちを気遣ったり、励ましてくれたりするほどでした。本当はとてもつらかったり、痛かったりしていたのだと思いますが、そんなことを感じさせない笑顔を見せてくれていたので、僕は余計に回復することを信じていました。他にすることがないから、と英語の勉強も続けていたみたいです。

それなのに……。

悲しいとしか言いようがありません。今の僕には次のように言うことが精いっぱいです。ありふれた言い方になりますが……。君のことは一生忘れません。

さようなら。

故人の人柄を語る

❷故人の忘れがたいエピソードを述べることで、その人柄を語ります。

学校の友人の自死を悼んで（二十代）

二十代　女性
友人

始めの言葉

驚き、悲しみ

山田由里さん、謹んで最後のお別れの言葉を捧げます。

❶来年の夏休みは卒論でそれどころではないから、長い休みを楽しめるのはこの夏休みが最後だねと、クラスメイトと一緒に笑って別れてからまだ一カ月しかたっていないのに、突然に訃報が届きました。信じられない気持ちで驚くばかり、言葉もありません。

この春からは就職活動が始まり、来年は世の中に出て、世の中や人のために役立つ人間になるんだと、由里さんもみんなと張り切っていたのに…。❷訃報を聞いてからクラスメイトが集まって、何が由里さんから生きる希望を奪ってしまったのか、話し合ってみましたが結局はわかりませんでした。

大学に入って丸2年余り、短いといえば短いお付き合いだったけど、ＥＣＣ同好会の合宿やクラス仲間と一緒の秋の旅行、お互いの家を訪ねるなど、由里さんと私はそれなりに濃いお付き合いだったと思っていたのに、❸由里さんの本当の気持ちにまったく気づいていなかったのだと思うと大変ショックです。

じつは春の終わり頃から、ちょっと元気がないなと感じてはいたのだけれど、持病の腎臓のせいだと勝手に解釈していました。由里さんが悩んでいたのに、私たち

正直な気持ちを語る

❶突然の悲報に対する悲しみを伝えてもよいでしょう。

自死の原因を探らない

❷自死の原因などに直接言及することは避けます。

自分の思いを伝える

❸故人の気持ちに気づけなかった後悔を語ります。

冥福を祈る　エピソード　故人へのメッセージ

は夏休み前のハイテンションで、それに気づこうとしなかったのでしょうか。あるいは何か私たちが、由里さんを傷つけたことがあったのではないか、余計なお世話だと思われてもちょっと声をかけて気持ちを聞いてあげれば、自ら命を断つことまで行かなくて済んだのではなかったか、さまざまなことを考えてしまいます。❸本当にごめんなさいね、由里さんの気持ちをわかってあげられなくて……。

由里さんは、物静かで繊細な女性でした。大きな声をたてることはなく、いつも微笑んでいたけれど、笑顔はとっても素敵でした。長くまっすぐにのばした髪が美しく、男子学生の中にはひそかに由里さんのことを思っていた人が何人かいるのを私は知っています。また、普段はあまり勉強熱心とは思えないのにテスト前に集中する力はすごく、私たちは試験に出る場所のヤマを張るために由里さんの意見をしばしば聞いて、それがよく当たるのでびっくりしたものです。そうかと思うと、たまに素知らぬ顔で冗談を言い、普段のまじめな由里さんを知っている私たちがまともに受け取ると、クスクス笑ったりするおちゃめな一面もありました。由里さんには本当にいろいろな面があったのだと思いだされます。

それでも由里さん、やっぱり生きていてほしかった。死を選んだことが悔しく、残念です。特に今涙を流しているご両親やご兄弟のことを思うと……。❹ご家族の皆さま、さぞかしお力落としのことと存じますが、どうか由里さんの分まで長く生きて、由里さんのことを思い出し続けてあげてください。私たちもいつまでも由里さんことを思い続けて行きます。だから由里さん、どうか安らかにお眠りください。

遺族を思いやる

❹残された家族への思いを伝えます。

友人・知人への弔辞

学校の友人の事故死を悼んで（三十代）

三十代　男性
友人

エピソード

驚き、悲しみ

山本達弘君、まさかこんなに早く、君の霊前に哀悼の言葉を送ることになろうとは思ってもみませんでした。

大学の電子工学部卒業後十五年、僕たちが本当の力を発揮し、会社を、地域社会を、そして日本を支えていくのはこれからだと、みんなで豪語したのはわずか半年前のクラス会だったじゃないか。いかに有能な君でも、こんなに早く逝ってしまっては社会にじゅうぶんに貢献したとは言えないだろう。責めるようなことを言ってすまない。君だって逝きたくて逝ったわけじゃないよな。僕らも悔しいし、もちろんご両親もとても悔しいと思われているだろうけど、誰より悔しいのは君だよな。

君は僕ら大企業の旗のもとに安定と高給を求めた仲間とは異なり、生まれ育った地域に戻り、父上が創業された自動車部品の会社を継いで苦労の多い道を敢然と進んで行きました。僕らはみんな、「山本は一流の車メーカーに入社できる実力があるのに、なぜわざわざ自ら大変な道を行くのだろうね」と話をしながら、でも実は自分の頭で考え、将来も見極めたうえで道を決めた君をうらやましいと思っていたんだ。

❶そんな僕らの世代の希望の星であった山本君が、突然に亡くなったという知らせ

自分の思いを伝える

❶友人を失った悲しい思いを伝えます。

冥福を祈る

遺族へのメッセージ・支援の申し出

を聞いて僕は信じることができなかったし、今こうして君の遺影を見つめていても、まだ信じられません。

❷山本君は本当に車が好きでした。ご自身のお話では、もの心ついたころから自動車が好きで、泣いているときでも車を見に連れ出されると泣き止んだとか。また幼稚園の頃には多くの車の車種を言い当て、父上を驚かせていたとも聞きました。大学でも自動車研究会に入り、一年生のころから車を巡る博学ぶりで上級生を感服させていたと聞いていました。もちろん免許も、十八歳になるや否や取ったそうですが、運転は非常に上手で、しかも極めて慎重。道にも詳しく、僕らは山本君が運転する車に乗せてもらうときはナビの必要もなく、安心しておしゃべりに興じていたものです。

父上の会社に入った後も、車を運転する人や歩行者の安全を守るための部品の改善や、そのための新しい部品の開発に力を注いでいたそうですね。「いかにも山本らしいよな」とみんなで話していたのに、自分自身のことを守ることができなかったなんて……。❸いくら相手のほうに非があったとはいえ、神様もむごいことをすると思わざるを得ません。特にご両親は、ご自慢の息子と大事な跡継ぎを車の事故で奪われ、その衝撃と悲しみ、悔しさはいかばかりかとお察しします。どうかお心を強く持って日々を過ごされるよう、祈っています。僕らに何かできることがあったら、お気軽にお申し付けください。

じゃあ山本君、早すぎるけどお別れです。さようなら。

故人の人柄を伝える

❷友人だからこそ語れるエピソードを交え、故人の人柄を紹介します。

遺族の心情を考える

❸遺族の心情に配慮して、支援したい気持ちを伝えます。

学校の友人の病死を悼んで（四十代）

四十代　女性
友人

始めの言葉

驚き、悲しみ

上野たか子さん、あなたのご霊前に謹んでお別れの挨拶を捧げます。

たか子さん、あなたは四十三歳という若さで旅立ってしまいました。あなたは私たちのクラスメイトの中でも、とりわけ魅力的な人でした。私は神の存在を信じている者ではないですけれど、神様は愛する人から先に自分のもとに連れて行くという話を信じてしまいそうになります。こんなに魅力的な人をなぜ、もっともっと長く、私たちのそばに置いておいてくださらなかったのでしょうか。

約一年前、あなたから手術のため入院するという話を聞いたときも、「まだ早期だそうだから、心配ないって。退院したら連絡するね」という元気な様子に、全快を信じて疑いませんでした。三カ月前、数人で病院にお見舞いに行ったときには、ちょっとやつれた様子が気になりましたが、それでもあなたは「もうすぐ退院よ」と笑顔で話していましたから、まさかこんなことになろうとは思ってもいませんでした。昨日お母様に伺ったら、その頃にはもう自分が長くないことを知っていたとのこと。友人に心配させまいとするあなたの強い意志を尊敬すると同時に、「水くさいよね」と私たちは友達がいのなさを嘆きました。でも今考えればあなたは、私たちと涙いっぱいで別れるのは嫌だったのでしょう。笑顔で私たちと別れたかったの

いきすぎた思い出話はNG

弔辞では、エピソードを交えて構成することが多いですが、公にすべきでない内容の話や暴露話はNGです。

エピソード　故人へのメッセージ　冥福を祈る

でしょう。あなたのあの日の笑顔は、私たちの胸にはっきりと刻み込まれています。

たか子さんと初めてお目にかかったのは、大学の入学式でした。あなたは初め、私にはまぶしすぎるクラスメイトでした。田舎から出てきた私にとって、たか子さんは東京生まれの東京育ち。洗練されていて、ユーモアがあって、私とは住む世界が違う人だと思っていました。❶でも気さくなあなたは、いつの間にかクラスの仲間の中心になって、私たち地方出身者をさまざまなところに連れていってくれました。特に一年のときに行った銀座の小さな甘味屋さん、みんなで行った鎌倉の思い出は忘れることができません。また、あなたはテニス部で活躍されました。すごいプレイヤーというわけではなかったそうですけれど、あなたの周りにはいつもテニス仲間がいっぱいいて、笑顔があふれていました。ご主人ともそのテニスを通じて知り合われたそうですね。

本当にうらやましいような半生を送られてきたあなたですけど、何と言っても心残りは中学生と高校生、二人のお子さんでしょう。その素晴らしい将来を見届けたかったに違いないと思うと、涙を抑えられません。でも、あなたの生き方を見てきたお二人です。ご主人とともにあなたのお母様を支えて、あなたを誇りに強く生きていかれるに違いありません。どうぞ、ご遺族の幸福を、空から見守ってあげてください。

❷たか子さん、ほんとうに素晴らしい時間をありがとう。あなたと友達でいられたことを、私の一生の宝として生きていきます。さようなら、お別れです。

エピソードを語る

❶学生時代の友人ならではのエピソードを紹介します。

故人への感謝を伝える

❷最後に友人としての感謝の気持ちを伝えます。

学生時代の後輩の事故死を悼んで（三十代）

四十代　男性
学生時代の先輩

始めの言葉

渡辺敦君のご霊前に、謹んで申し上げます。

驚き、悲しみ

❶驚いた。君と同期の田村から悲報を聞いたとき、頭が真っ白になって何が起こったのかを理解できなかった。何よりも命の大切さを知っていた君が登山による事故で逝ってしまったことは、悲しみよりも、信じたくないという気持ちでいっぱいだ。

しかし、こうして君の遺影の前に立つと、事実を受けいれなければいけない悲しみで、僕の胸は破れんばかりだ。

エピソード

君と出会ったのは、大学の登山同好会へ君が入会してきたときだ。入会の動機は三年生の僕の新入生勧誘の話だ、と君はよく言っていた。チームワークと山に登らないときの体力づくりの重要性を、私は先輩から聞いたとおりに後輩の君に話しただけなのに、君はそれを素直に実行してくれた。

夏山でも冬山でも、一人でも油断をすると危険な目に合う。❷私がリーダーになって山を登るとき、君は仲間の話をよく聞いて常にチームワークを取ろうとしていたね。コースを外れて花を取りに行った部員を私がとがめたときも、君は上手に彼女と私の間を取りなしてくれたりした。

君は、試験期間中でも、毎朝一時間のジョギングを欠かさなかった。十分な体力

驚きと無念さを語る

❶突然すぎる悲報に対する率直な気持ちを語ります。

故人の人望を称える

❷エピソードの紹介を通して故人の人望を称えます。

がなければ、山登りのときにチームワークも作れない、それが命取りになることもあると君は知っていたからだ。
それは、社会に出てからも同じだと君は言っていたね。昨年の登山同好会OB会の折りに、三十代の若さで職場のリーダーになってますますチームワークの大切さと地力を鍛えることの重要さがわかったと話していた。そして、次に山を登るときには、その経験を活かしてきたいと語っていたね。

故人へのメッセージ

山登りに対しても、人生に倒しても真面目に向き合ってきた君が、天候不良という山中の悪条件に巻き込まれてしまったことは、本当に残念でならない。
敦君、若くして突然逝ってしまうことの無念さは計り知れません。しかし、短い人生でも数多くの思い出を残してくれました。同好会の仲間はもちろん、多くの人の心の中で君は生き続けるでしょう。

冥福を祈る

それでは安らかに眠ってくれ。
さようなら、心よりご冥福をお祈りいたします。

●手水の儀●

「手水の儀」とは、参列者の身を清め、口をすすぐために行う神式独特の儀式です。一回のひしゃくの水を三度に分けて使うのが原則です。

手水の儀の作法

(1)杓で水をくんで、左手を洗います。

(2)杓を左手に持ちかえ、右手を洗います。

(3)再び杓を右手に持ちかえ、左手に水を受けて口をすすぎます。

(4)杓を元に戻し、渡された懐紙で口と手をふきます。

学生時代の後輩の病死を悼んで（四十代）

四十代　男性
学生時代の先輩

始めの言葉

後藤寛司さんの御霊に、謹んでお別れを申し上げます。

驚き

貴君の訃報を恩師の佐藤英作先生から知らされたとき、わが耳を疑いました。貴君が病気だということは佐藤先生から聞いていました。しかし、もう一方で、貴君の同級生からは仕事において、最前線で大きな実績を上げていることも聞いていたからです。

エピソード

❶貴君との出会いは、大学の佐藤先生のゼミでした。私が四年生のときに二年生の貴君はそのゼミに参加してきましたね。とても新鮮な考え方をすることにビックリしたものでした。上級生であった私にとっても貴君の考え方は、非常に参考になることがたくさんありました。

私が卒業したあとは、貴君が連絡係になって行う佐藤ゼミの旅行がとても楽しみでした。仕事でも最前線に立っていたにもかかわらず、こまめに動いてくれて。だからこそ他のゼミのOBからうらやましがられるほど、佐藤ゼミの仲間の絆は強いものでした。

貴君が亡くなったと連絡をいただいたとき、佐藤先生のお電話の声は涙声で震えていました。そして、弔辞を述べたいが高齢がゆえに葬儀に参列することが精一杯

故人の人間性を伝える

❶故人との出会いを語りながら、故人の人間性や人柄を伝えます。

冥福を祈る　故人へのメッセージ

で失礼があってはいけない。変わりに君にお願いできないかとおっしゃったので、私が依頼を受けました。

正直に言います。後輩の貴君がうらやましかった。恩師が泣いてくれる、送る言葉を述べたいという、そのような貴君に嫉妬さえ感じました。しかし、それだけ貴君は好かれていたということ、何事に対しても、一生懸命やってきたことの証ともいえるでしょう。

この葬儀には、同級生はもちろん、先輩も後輩もゼミの仲間が大勢参列していま す。それが貴君の人徳なのです。

貴君のことは、これからもゼミ仲間で話題になっていくことでしょう。それは貴君とは面識のないものにも受け継がれます。そして、貴君は私たちの心の中で永遠に生き続けるのです。

さようならとはいいません。なぜなら、また、ゼミ旅行に行けば貴君の魂に会えるからです。

❷無念な思いは数々あると思うが、ゆっくり休んでほしい。
心から冥福を祈ります。

あいさつを締めくくる

❷冥福を祈り、あいさつを締めくくります。

釣りの仲間の事故死を悼んで（五十代）

五十代　男性
友人

始めの言葉

斉藤行雄さん、今、あなたのご霊前に深い悲しみとともに、お別れのごあいさつを申しあげます。

驚き

「今日の釣果はどうだった」。

エピソード

こうして、君の写真を見ていると、そんな声が聞こえてきます。❶君と僕は、もう三十年もの釣り仲間でしたね。船釣りのときも磯釣りのときも、君は常に安全には気をつけていて、僕らにもそれを教えてくれていました。

そのような君が交通事故に遭ってしまうなんて、本当に信じられない気持ちでいっぱいです。

❷「一番の大漁は、元気で家に無事に着くこと」が君の口ぐせでした。釣り旅行へ行ったときに、とても海が荒れていて一日も釣りができなくても泰然自若としていましたね。なかなか取れない休みを使っているので、一日だけでもとあせった僕たちにも、そう言ってなだめてくれました。一番仕事が忙しく、あの旅行を本当に楽しみにしていたのは君だったにもかかわらず……。

しかし、安全であるという確信さえ持てれば、そのときの君はとても果敢でした。マグロの一本釣りを果たしたとき、数時間にもわたった激しい格闘は今も目に焼き

❶故人との関係を語る
故人との関係を明らかにしてエピソードにつなげます。

❷故人の考え方を紹介する
故人の考え方や口ぐせを語ることで、故人の人間性や人柄を伝えます。

冥福を祈る　故人への感謝

ついています。とても男らしい戦いでした。あのときも、君は安全が確保できていたからマグロと戦えるんだと話していましたね。僕はそれを聞いてなるほどと思ったものです。

仕事でも、常に第一戦で活躍されていたと同僚の方からお聞きしました。同僚の方々に対し、君は「仕事では基本が大事なんだ」という話をされていたとお聞きし、釣りにおいては安全が基本なんだなと気がつきました。

僕は、君に教えてもらった釣りをこれからも楽しんでいくつもりです。釣りでは安全が基本なように、何事にも基本が大切だということを身を持って実行しようと思います。

斉藤行雄さん、私は君のことを決して忘れないでしょう。これからも君を一生の師と仰いで生きていくつもりです。

どうか、見守っていてください。そしてさようなら。

心よりご冥福をお祈りいたします。

●香典の金額の目安●

香典に包む金額ですが、故人との生前の関係の深さ、喪家の格式、弔問客の社会的地位などによって異なります。相場としては、以下を参考にするとよいでしょう。

なお、香典には新札ではなく、使い古したお札を用いるのがマナーです。新札がなぜよくないかは、あらかじめ準備していたような印象を与えるからです。どうしても新札しか用意できなかったときは、一度折って、折り目をつけてから包むようにします。

故人との関係	相　場
職場関係	5千～1万円
友人・知人	5千～1万円
隣人・近所	3千～1万円
恩　師	3千～1万円
祖父母	1～5万円
親　戚	5千～3万円
両　親	5～10万円
兄弟・姉妹	3～5万円

友人・知人への弔辞

俳句同人の友人の病死を悼んで（六十代）

六十代　女性
友人

始めの言葉

謹んで中山節子さんのご霊前に、お別れの言葉を捧げさせていただきます。

驚き、悲しみ

昨年から闘病生活に入り頑張ってこられた節子さん、年明けにお見舞いに伺ったときには、次は俳句同人の句会でお会いしましょうと言っていたのに、今日この場でお会いすることになってしまい、残念な思いでいっぱいです。

❶私が節子さんと同じ俳句同人会に入ったのは、今から十年ほど前のことでした。私より二年ほど早く入会していた節子さんは、新人だった私に、会の行事や決まり事などについてていねいに教えて下さいました。年齢が近く、また偶然にも出身地が同じだったこともあり、それ以来とても親しくお付き合いをさせていただくようになりました。節子さんは、明るく柔和なお人柄に加え、俳句に関してはとても熱心に取り組まれ、私たち同人会員みなから慕われている方でした。いつも、四季折々の風景をあたたかい眼差しで観察して、優しさと独特の機知が感じられる句を詠まれるので、私は句会のたびに感心しきりでした。

エピソード

❷あるとき、どうしたら節子さんのように上達できるかと質問した私に、節子さんは少し照れながら、一冊のノートを見せてくれました。そこには、日々の生活の中で思い浮かんだ言葉がたくさん書き留めてありました。それを拝見し、私は、よい

故人との出会いを語る

❶故人とどのようにして出会ったのかを伝えます。

故人の人柄を語る

❷故人から受けた影響をエピソードとして紹介することで、故人の人柄を偲びます。

冥福を祈る

故人へのメッセージ

俳句を作るには、言葉の鍛錬だけでなく、日々の生活をていねいに生きることが必要なのだと気が付き、はっと致しました。人生の中で起こる素晴らしいことも悩みごとも、こまやかに観察して受け止め、そこから大切なことを感じ取れる心の強さと豊かさこそが、節子さんの素晴らしい俳句の秘訣でした。節子さんは私にとって、俳句だけでなく人生の先輩でもありました。

三年ほど前に、初めてのお孫さんがお生まれになってからは、お孫さんのかわいらしい様子を俳句に詠まれることもよくありました。俳句からはいつも、愛情あふれるおばあちゃまとしての眼差しが伝わってきて、その成長ぶりや愛らしいご様子を聞くのがいつも楽しみでした。これからの成長ぶりを俳句で聞くことができなくなるかと思うと、寂しくてなりません。

先ほど、お久しぶりにお孫さんご本人にもお目にかかりましたが、節子さんの面影が感じられるかわいらしくお優しいお嬢さんで、節子さんが注いだ愛情はご家族の中にしっかりと受け継がれていることを確信いたしました。

これからはご家族も私たちも、四季折々に節子さんが俳句に詠まれた花や樹を見るたびに、節子さんのことを思うでしょう。めぐる季節とともに、どうか私たちを見守ってくださいね。心より、ご冥福をお祈り致します。

友人・知人への弔辞

茶道の先輩の事故死を悼んで（六十代）

四十代　女性
茶道の後輩

始めの言葉
謹んで小林美千代さんのご霊前に、お別れの言葉を捧げます。

驚き、悲しみ
❶ご遺族から美千代さんの突然の非報を聞いたときには、あまりに突然の出来事に驚き、言葉を失ってしまいました。

エピソード
美千代さんと私は、同じ先生の門下で茶道のお稽古に励んでおりました。二十代の頃から茶道を嗜まれてきた美千代さんは、いつもたおやかな着物姿でお優しい気遣いにあふれ、私たちの憧れの方でした。

茶道の美しい所作は、上辺の型だけをなぞっても習得できるものではありません。お稽古を積みながら、四季折々の趣きを感じる心や、お相手を思いやる心遣いを磨いてこそ、それが美しい所作となって表れると言います。美千代さんは、まさにその教えを体現している方でした。

美千代さんのお心の美しさと強さに、私は何度となく助けていただきました。

❷数年前に私の父が入院したとき、慣れない看病と、母・妻としての務めの両立をしようと思い詰め過ぎた私は、すっかり疲れ、ふさぎがちになってしまったことがありました。お茶会も欠席しがちになった私に、ある時美千代さんが「新調したいお道具があるので、お見立てに付き合ってもらえませんか」とご連絡を下さいまし

正直な思いを伝える

❶突然の悲報を聞いたときの、正直な気持ちを語るようにします。

故人との思い出を語る

❷故人と自分の思い出を語り、故人の人柄を伝えます。

冥福を祈る　故人へのメッセージ

た。その頃の私は、いつもなら嬉しいはずの美千代さんからのお誘いにも関わらず、憶劫に感じてしまうほど憔悴しておりました。

美千代さんは、そんな私と会っても事情を聞き出すこともなく、いつもと変わらぬご様子で、柳の芽吹き始めた歩道を二人並んで歩き出しました。しかし、眺めるともなく新緑を目にしながら他愛ない世間話をするうちに、私は不思議と心が軽くなっていくのを感じていました。美千代さんの何気ない言葉や相づちに合わせて、路傍の新緑までが、私をやさしく励まし包み込んでくれているようでした。美千代さんは私の心情を察し、それとは言わずに励まして下さったのでした。その日以来、私は一人で悩みを抱え込むことが減り、それを追うように父も快方に向かい、家族にも笑顔が増えていきました。

お茶席で美千代さんのお姿を拝見するたびに、決まってその日のことを思い出しました。お茶という共通の道を通じて、私も、あの美千代さんの包み込むようなお心遣いに近づけるようになりたいと、お稽古や勉強にもいっそう心がこもるようになりました。

美千代さんが交通事故に遭われたのも、あの柳の歩道のすぐ近くだったと伺っております。突然のご不幸の前に、せめて美千代さんが美しい新緑を心ゆくまで楽しまれたことを願っております。

美千代さん、これまで本当にありがとうございました。どうぞ、安らかにお眠り下さい。心よりご冥福をお祈りいたします。

友人・知人への弔辞

将棋クラブの仲間の事故死を悼んで（四十代）

五十代　男性
将棋クラブの仲間

始めの言葉

阪本優一君のご霊前に、謹んで哀悼の意を表します。

驚き、悲しみ

阪本君、僕よりも十歳以上も若い君に、今日こうしてお別れの言葉を捧げることになるなんて、ほんの数日前まではまるで想像もできませんでした。ここに立って話している今でさえ、まだ信じられない思いでいっぱいです。

エピソード

二週間前の将棋クラブでの対局は、今思えば君と僕との最後の一局になってしまいましたね。そのときは阪本くんの圧勝で、僕が「次までには修業を積んでくるから、そのときは今回のようにはいかないよ」と冗談まじりに言うと、阪本君も楽しそうに、「来週は家族で海水浴に出かけるので、佐藤さんにはたっぷり時間を差し上げましょう」と冗談で返し、二人で笑い合ったものでした。僕はその対局を楽しみに作戦を練っていたのに、もう君から白星を取ることは叶わなくなってしまいました。

よき将棋仲間だった君とは、本当によく対局をしましたね。阪本君は、ときには少年のように熱中した眼差しで勝負に挑み、ときには雑談をしながら将棋をさし、同じ趣味をもつ友人同士で共有する時間そのものを楽しんでいました。今も僕の脳裏には、将棋盤の向こうで考え込む表情や明るい笑顔が思い浮かびます。

冥福を祈る

遺族へのメッセージ

ご家族をとても大切にされていた阪本君は、家庭では頼もしい夫であり子煩悩なお父様であったと伺っています。最近では、ご長男に将棋を教え、ときどき対局をすることもあるのだと、嬉しそうに話してくれました。ご次男は、まだ将棋を教えるには早いけれど、お兄さんのすることは自分もしてみたいらしく将棋の駒を持って遊んでいたと言って、すっかり相好を崩しながら写真を見せてくれました。❶阪本君によく似て利発そうでかわいらしいご兄弟が、これからたくましく優しい青年に成長していく様子を間近で見ることができず、さぞ無念だろうと思うと、僕も悔しくてなりません。

最愛のご家族と出かけた楽しい旅先から帰らぬ人となってしまった阪本君。❷あまりにも突然の出来事で、ご遺族の悲しみは測り知ることができません。阪本君のためにも、どうぞお心とお身体をご自愛ください。責任感が強く家族想いの阪本君のことだから、きっとこれからもご家族のこと、そして僕たち仲間のことも見守り続けてくれると信じています。

阪本君のご冥福を心からお祈りし、お別れの言葉とさせていただきます。

故人の無念さを思いやる

❶故人の無念さを思いやって語ります。

遺族を思いやる

❷遺族を思いやる言葉を伝えるようにします。

●忌み言葉●

お悔やみの席では、使わないほうがよいとされる「忌み言葉」というものがあります。

例えば、「たびたび」「くれぐれも」「重ね重ね」などは、繰り返しを連想させ、不幸が重なることを意味するため、忌み言葉です。

また、「死」「死ぬ」「死亡」といった直接的な言葉や表現もタブーです。どうしてもこれらの意味のことを遺族へのあいさつで使わなければならないときは、「お亡くなりになる」「逝去」「永眠」「他界」「帰らぬ人となる」などに言い換えて使うようにしましょう。

そのほか、縁起が悪い数字の「四」と「九」も避けるべきです。

さらに仏教では、「浮かばれない」「迷う」なども浄土に行けないことを意味するため避ける必要がありますし、「冥福」「供養」「成仏」「冥土」「往生」などは仏教用語ですから、神式・キリスト教式では使わないように気をつけましょう(21ページも参照)。

友人・知人への弔辞

市民サークルの先輩の病死を悼んで（三十代）

三十代　男性
市民サークルの後輩

始めの言葉

森田康浩さんのご霊前に、惜別の辞を捧げます。

驚き、悲しみ

三十六歳という若さで亡くなられるとは、本当に人生のはかなさとともに、怖さすら感じます。あまりにも突然の知らせに、私たち合唱サークルの仲間は、いつも元気で出していた声を出すのも忘れ、出てくるものは涙ばかりです。

エピソード

この春の発表会では、いつも通り元気にタクトを振られていました。その前の厳しかった練習期間中も明るい笑顔で、私たちに細かな指示を出したり、あの美声で見本を示してくれたり、くじけそうになる仲間を励ましてくれたりしていました。あのわずか十カ月くらい前のご様子から、誰が今日の日を予想したでしょうか。心臓のご病気とのことでしたが、あまりにも急すぎます。あまりにも残酷すぎます。

❶私と森田さんとのお付き合いは、森田さんが地域の合唱サークルを立ち上げられたとき以来ですから、三年余りになります。たまたまカラオケスナックで隣の席に座った森田さんが、私が歌謡曲ではなく文部省唱歌系の歌とかポップス系の歌を歌うのを聞いて、話しかけてこられましたね。「君はカラオケで歌うより、合唱などの方が好きではないの？」と。まさしくその通りで、私はみんなで声をそろえて歌うことが大好きでした。みんなで歌うと自分もうまくなったような気がして、大き

故人との出会いを語る

❶故人との出会いを伝え、具体的なサークル活動でのエピソードにつなげます。

な声が出せるからです。ですから、そんな森田さんが「地域の合唱サークルを作ろう」と呼びかけたときには、私は真っ先にメンバーに加えてもらいました。この地域に住んで間がなかった私にはあまり知人がなく、メンバーを集めるために力を尽くすことはできず、もっぱら森田さんのつてで人が集まりました。❷大学時代、有名な合唱部に所属していたという森田さんの実力と魅力的な選曲、卓越した指導力、楽しい雰囲気づくりなどにいつの間にか大勢の人が集まり、今の盛況となりました。

でも今考えると、森田さんの肩にはかなりの負担がかかっていたのではないかと思います。僕らは、森田さんに本当に「おんぶにだっこ」だったからです。すみません。自分たちの楽しみと喜びに熱中して、森田さんの苦労を思う力が足りませんでした。ご両親は「もともと心臓に持病があったのだ」と、僕らのせいではないと言ってくださいましたが、もし私たちがもう少し森田さんの重荷を軽くすることができていたら、もっともっと長く生きていてくださったに違いないのです。

❸歌は人生の楽しいときはもちろん、つらいときも、悲しいときもいつもそばにあって、私たちの心を慰め、ときには奮い立たせ、心に張りを持たせてくれます。そうした歌を歌う喜びを教えてくださった森田さんのご恩を忘れません。そしてこのサークルをもっと充実させ、みんなで元気に歌い続けることをここにお約束いたします。本当にありがとうございました。あとで森田さんを送る歌を、みんなで歌わせてもらいます。どうぞ森田さんも、そちらから声を合わせてください。そして、安らかにお眠りください。

冥福を祈る

故人の功績を称える

❷故人が残した功績を称え、人柄を伝えます。

自分の決意を伝える

❸故人の遺志を受け継ぐ決意を表明するのもよいでしょう。

友人・知人への弔辞

市民運動の仲間の病死を悼んで（六十代）

六十代　男性
市民運動の仲間

始めの言葉

故高田純一さんのご霊前に、「里の森の自然を守る会」を代表してお別れのご挨拶をさせていただきます。

市民運動の説明

高田純一さんは農家に生まれ、お父上の後を継がれて長年農業一筋、野菜や花卉《き》を作ってこられました。その❶高田さんが「里の森自然を守る会」という環境保護の運動に力を入れ、ついにはその会長として力を尽くしてこられたのは、大きな意味での自然を心から愛していたからでした。

高田さんが運動に入ったきっかけは、農民たちが自分たちの森として愛し、育て、上手に利用してきた里の森が高速道路計画用地になったためでした。もしそれが実現すれば、樹木の伐採や川の汚れをはじめ、それらに伴う大小の動物や植物の生態系の乱れなど、急速に環境を変えられてしまう恐れがありました。そのとき自然保護運動を掲げて立ち上がられたのは、先代の山口恭平会長でしたが、高田さんはその右腕として運動が始まった当初から会長を支えてこられたと伺っております。

高田さんの主張は「今ある里の森の自然を守るべきだ」という考えだけではなく、人間は自分たちの都合で便利と快適さのために、欲望のおもむくままに自然に手を加えてもよいのだろうかという素朴な疑問に端を発していました。原野を農地に変

故人の活動内容を紹介する

❶故人が取り組んできた活動の概要を伝えます。

えたことも大きな意味では自然破壊だと、高田さんは言っていました。そしてその結果、自分たちが作る食料を食べている人たちも命をつないでいるのだと。しかしこのままでは、いずれ人間の文明は立ち行かなくなるのではないかというのが、高田さんが危惧していたことです。自分たちがよければいいというわけにはいかない、子どもの代はもちろん、孫の代にも、そのまた孫の孫の代までもずっと、幸福を享受できる時代が続くようにすること、それが自分たちの責任だと。

そうしたことを高田さんは声高ではなく、今遺影の中で微笑んでいるような静かな表情でとつとつと語られました。❷高速道路に反対して誰かを責めるのではなく、ご自分の農産物でも積極的に環境への影響を減らす農法を研究し、取り入れ、農業仲間にも広めていきました。そうした人柄にひかれ単なる農業者だった私も、いつの間にかこの運動に加わっていましたし、そういう仲間は大変多かったと思います。

高田さん、あなたの体力と気力を間近で見ていた私たちは「あの人は百まで生きるよな」などと言っていたのに、六十代で急逝されるとはいかにも早すぎます。私たちは今、この運動の中核であった高田さんを失い、今後どうなるのかと心もとない気持ちでいっぱいです。しかし、会員一同、先代山口会長や高田さんから受け取った意思や教えを何とか受け継ぎ、生かし、守り、頑張って里の森の自然を守っていく所存です。

高田さん、山口先代会長とともに空から会員の活動を見守り、ときには叱咤してください。お願いいたします。

故人の実績を称える

❷故人が成し遂げた実績を称え、参列者に故人の人柄を伝えます。

友人・知人への弔辞

町内会の知人の病死を悼んで（七十代）

六十代　男性
町内会の知人

始めの言葉

故・小笠原健介様のご霊前に、植山町会を代表いたしまして、謹んでお別れの言葉を述べさせていただきます。

小笠原様との出会いは、私が植山町に引っ越してきた三十年ほど前になります。ちょうどそのときに小笠原様が町内会の役員をされていたことや、私との家が近かったこともあって、町内会の決まりや地区の約束事をとても親切に教えていただきました。❶小笠原様のおかげで、町内会の方々と親しくさせていただけるようになりました。本当にありがとうございました。

エピソード

❷当時、小笠原様は地区の子供たちのために野球のコーチをされていました。野球を始めたばかりの小学生だった息子も大変お世話になりました。息子は、厳しく指導される小笠原様を初めのうちは怖がっておりました。しかし、厳しく見える指導も実は子供たちのことを思ってのことなんだと息子自身が理解してからは、とても喜んで練習に参加していました。息子も今は、三人の子持ちになっていますが、その子供たち、私にとっては孫たちに小笠原様の野球でのコーチ振りをときどき話しているようです。息子にとって、素晴らしい思い出として心に刻まれているからこそでしょう。

故人への感謝を述べる

❶生前、お世話になったことに対して感謝の意を伝えます。

故人の実績を伝える

❷自分の思い出とともに、故人が残した実績や功績を伝えるのもよいでしょう。

冥福を祈る

故人へのメッセージ

❷また、町内が暮らしやすくなるようにと、様々な取り組みをしてくださいました。夜間、道が暗くなり危険だからということで市に街灯を増やすよう、熱心に働きかけてくれました。夜遅くなると、あまりの暗闇の怖さから男の私でも急ぎ足で家路についたものでした。しかし、街灯が設置されてからはゆっくりと夜景を楽しみながら歩ける安全な道になりました。これも小笠原様の地道な取り組みがあったからこそと感謝しています。

小笠原様は病魔に冒されているときも、町内会のことをいろいろと心配くださっていたとお聞きしました。ご自分がおつらい状況であったにもかかわらず……。七十五歳といえば、男性の平均寿命にもなっていません。もっともっと健康で長生きして、私たちの相談相手になってほしかった。

とても悲しいですが、最後のお別れを言わねばなりません。

長い間、本当にありがとうございました。

小笠原様のご冥福をお祈り申し上げます。

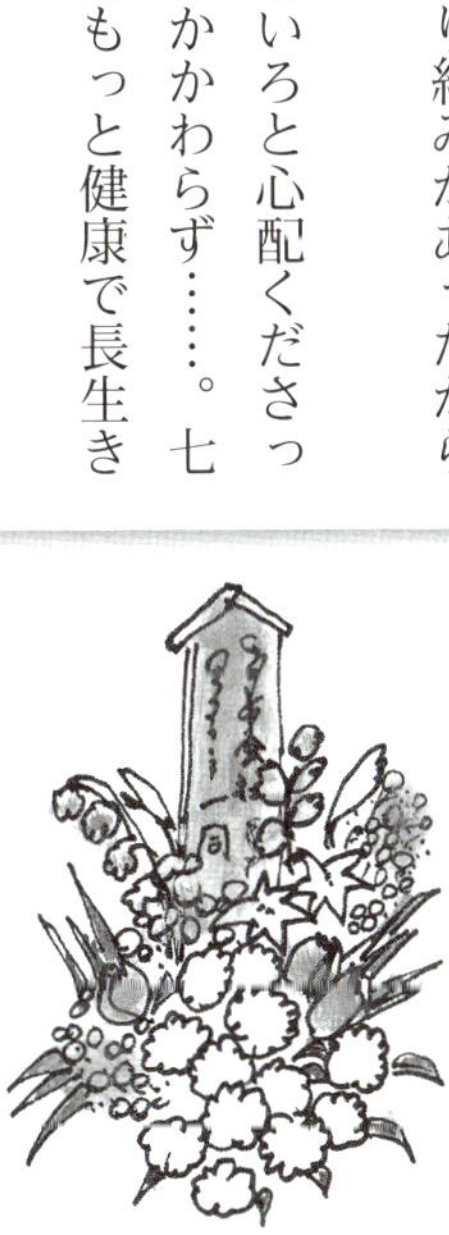

●対面するときのマナー●

故人と対面するときは、近くまで進んで一礼し、遺族が白布をとるか、棺の窓を開けるなどして故人の顔を見せてくれるのを待ちます。

それから故人と対面しますが、故人の顔をじっとのぞきこんだり、顔に触れたりするのは避けたほうがよいでしょう。言葉をかけたくなることがあるかもしれませんが、基本的には無言で最後の別れをします(「さようなら」「ありがとう」、「安心して」など、ひと言ふた言程度の短い言葉であれば、自然なこととして許容されることが多いようです)。

対面を終えたら、故人に深く一礼し、合掌して下がります。

また、遺族に一礼し、「安らかなお顔ですね」などのいたわりの言葉をひと言述べます。この場で思い出や感想などを長々と話すことは慎みます。

マンションの知人の病死を悼んで（八十代）

七十代　男性
マンションの知人

始めの言葉

山崎太郎さんのご霊前に、謹んでお別れの言葉を申し上げます。

エピソード

私が山崎さんと出会ったのは、今から二十年前。同じマンションの同じ棟の、同じ階段の上の部屋に私たちの家族が、下の部屋に山崎さんのご家族が入居してからのことです。

新築マンションで、世帯数が七百を超えるという大きなマンションだっただけに、管理組合の立ち上げにはみんなで苦労しました。

山崎さんは、それまで勤められていた商事会社を定年退職され、請われて相談役をされていたとのことでした。そこで、私たち四十代の者よりは時間が自由だろうということで、管理組合の理事長をお願いさせていただきました。❶マンションの規約作りから自治会作りまで、山崎さんには積極的に行っていただき、今の住みよい生活の基礎を作ってくださいました。誠に感謝の言葉を尽くしても足りるものではありません。

入居当時、私の子供たちは十歳前後のわんぱく盛りで、部屋の中でしじゅう飛び回っていました。下のお部屋の山崎さんに、大変ご迷惑をおかけしていることをお詫びしに伺ったときに「かわいい足音で全く気になりませんよ」と言っていただい

功績は簡潔に述べる

❶故人の功績を述べるときは、あまりくどくならないように気をつけます。

冥福を祈る

故人へのメッセージ

たばかりか、「親がそのようなことを気にしていると子供が萎縮してしまいます。もっとのびのびと育ててください」といわれて、私たち夫婦の気持ちがとても軽くなったことを覚えています。

また、山崎さんはやさしい一面ばかりでなく、子供たちが悪いことをしたときには愛情を込めて注意もしてくださいました。赤信号でも交差点をわたっているとき、買い食いをしているとき、自転車でスピードを出しているときなどなど。最初は怖いおじさんだと思っていた子供たちも、山崎さんの愛情を感じて、きちんと挨拶するようになりました。ここに、そうして育った大人になった子供たちも参列しています。

❷山崎さんの意志を受け継ぎ、これからは私たちが、よりよい生活を作っていくよう努力いたします。

山崎太郎さん、本当にありがとうございました。

ご冥福をお祈りして、お別れの挨拶とさせていただきます。

故人の遺志を受け継ぐ

❷故人の遺志を受け継ぐことを表明するのもよいでしょう。

●火葬と骨揚げの流れ●

火葬

火葬場では、火炉の前に棺が安置されます。一般的には、僧侶の読経が始まったら、焼香または故人との最後の対面となります。このとき、故人が愛用していた品物などを棺に入れる場合もあります。

納めの式が終わると、棺が火炉に納められますので、合掌して見送ります。

骨揚げ

火葬が終わった後、参列者全員で遺骨を拾うことを「骨揚げ」といいます。骨揚げには木と竹で組み合わせた箸を使います。普通は、故人と縁が深い順に2人1組となり、1組ずつ、箸で遺骨を拾い上げて骨壺に入れていきます。多くの場合、最後に、故人と最も縁の深い人が、のど仏の骨を拾い上げ、終了します。

友人・知人への弔辞

近所の知人の老衰死を悼んで（九十代）

六十代　男性
近所の知人

始めの言葉

中村光夫さん、今、あなたのご霊前に深い悲しみとともに、お別れの挨拶を申し上げます。

エピソード

❶中村さん、長いこと、私たちを導いてくれてありがとうございました。

中村さんは、私の父の碁仲間で週末には私の家の縁側で碁盤を挟んでいたことをよく覚えています。中村さんも父も、本当に楽しそうで、子供ながらに羨ましく思ったものです。お二人の影響もあり、実は会社を定年退職してから私も碁を始めました。まだ何もわからないことばかりですが、私にも、中村さんと父のような関係の碁仲間ができればと思っております。

父が六十代で亡くなってからは、中村さんには、父代わりになってくださっていろいろなことの相談に乗っていただいていました。結婚のこと、子供の進学のこと、転職のことなど、ずいぶん甘えさせていただいたものだと思います。いろいろなことを相談させていただきましたが、中村さんは決して押し付けがましいことは言わずに、「なるほど、そうか」と心に落ちることをたくさん教えていただきました。最後は自分で決めなさいと言っていた、父の教えを中村さんも実践してくれていたのだと思います。

故人との関係性を伝える

❶故人との関係性や故人から受けた影響を語るとともに、お礼を述べます。

故人へのメッセージ

冥福を祈る

最近、お話しして感じたことは、天寿を全うされる覚悟というか、心の準備が十分にできていたと思われる会話がありました。

❷九十歳を過ぎて、死ぬことは全然怖くなくなったとおっしゃっていましたね。「みんな誰もが、まちがいなく経験することなんだから、そう考えると怖くない」と。

そうですね。そのうちに私も経験するんですものね。

それともう一つ。最近は体を動かすのがおっくうでテレビで映画やドラマを見ることが多くなったと話され、「物忘れはとてもいい。二度見ても三度見ても忘れているから新鮮でおもしろい」とおっしゃいましたね。

死ぬことも、物忘れが多くなったことも、そうやって明るくとらえられたからこそ、天寿を全うできたのでしょう。

中村さんとは三十歳も違いますが、これからの人生、中村さんを見習って明るく生きていきます。

中村さん、静かにお眠りください。

ご冥福をお祈りいたします。

故人の印象的な言葉を語る

❷故人から聞いた印象的な言葉を語ることで、故人の人柄を偲ぶことができます。

●数珠の持ち方●

仏様を拝むときは、数珠を用いるのが正しい作法とされます（仏教徒以外は数珠を持参していなくてもかまいません）。

持参するときは、一般には、各宗派共通の略式のものを用いておけば無難です。

使わないときは、左の手首にかけておきます。

合掌するときには、両手の親指以外の四指に、房が垂れる（房を下に向ける）ようにかけ、両手をしっかり合わせるのが作法です。

短い数珠はそのまま持ち、長い数珠は二重にして合掌します。

なお、数珠は大切な法具ですので、丁寧に取り扱うのが常識です。畳や床、椅子の上などに放置したままにするのは不謹慎です。必ず、数珠入れか風呂敷などの上に置くようにします。

席を離れるときは、男性はポケットに、女性はバッグの中にしまいます。

恩師・教え子への弔辞

恩師の病死を悼んで（六十代）

三十代　男性
教え子

始めの言葉

大原善雄先生のご霊前に、お世話になった教え子を代表しまして哀悼の辞を捧げます。

エピソード

大原先生は、三十数年におよぶ教師生活の半ばの十年を私たちの山田第一高等学校で過ごされました。先生は武蔵山美術大学を卒業され、ご自身でも画家として様々な展覧会に出品されながら、私たちの美術の先生として教鞭をとってこられました。

背が高くやせておられて眼鏡をかけたその風貌からは、数学か理科系の先生を想像させました。しかし話してみると非常に気さくで、眼鏡の奥の目は多くの場合にこにこと笑っておられました。お名前は「善雄（よしお）」先生ですが、私たちは親しみを込めて「善（ぜん）ちゃん」と呼ばせていただいておりました。

細いお体だったのにお丈夫で、授業や部活の指導を休まれたこともなかったので、非常に健康な方だと思っておりました。幼少のころから長年の持病をお持ちになっていたとはちっとも知らず、社会人になってから初めて知りました。この早すぎるご逝去も長年のご闘病の結果と伺えば、こんなに早くお別れすることになった悲しさと同時に、先生は見事に病と戦い続けたんだと尊い気持ちになります。

❶大原先生に初めてお会いしたのは、高校に入学した直後の美術の授業でした。私

昔の思い出を語る

❶故人との付き合いが古いときは、昔の思い出を語るのもよいでしょう。

冥福を祈る

は特に美術が得意だったわけではなく、音楽も書道もダメだったため、半ば仕方なく選択した科目でした。初めての授業は、「今、目に見えている物の中から何かにしぼってデッサンを描く」という内容でした。私は何を描くか迷った挙句、大原先生の顔をデッサンすることにしました。出来上がった私のデッサンをご覧になって、先生は「ほお」と感嘆符を発せられたのです。もちろんそれは褒め言葉ではなく、何と変わった絵だという思いだったとも想像されましたが、そのあとに「面白い角度から描くね。君独特の見方がとてもいいよ」とおっしゃいました。私は、大原先生のお顔を下から眺めた角度、つまりあごの方から描いたのです。私は椅子に腰かけていたので、先生がそばを通られるたびに下から眺める格好になり「この角度で描いちゃえ」と思ったのです。今思えば大変拙い発想ですが、先生に褒められたことで、「あ、こういうやり方でもいいんだ」と自由さを感じることができました。

その後も先生は生徒に接するときはいつも、個人個人の発想や興味に合わせて、様々な方法や道を教えてくださいました。先生のおかげで私は絵や彫塑を楽しむ喜びを知り、美大にも入学できました。今、商業デザインの世界で何とかやっていけているのも、本当に大原先生のおかげだと思っています。

先生、本当にありがとうございました。心からの感謝を捧げ、ご冥福をお祈りして、弔辞とさせていただきます。

故人への感謝を伝える

❷生前、お世話になったことに対する感謝を伝えます。

恩師の病死を悼んで（七十代）

四十代　女性
教え子

始めの言葉

私たちの恩師、浅見和子先生のご霊前に、謹んでお別れのご挨拶を申し上げます。

驚き、悲しみ

三年前のクラス会では演壇に駆け上がられ、同級生の間で「浅見先生は私たちより体力あるよね」ともっぱらの評判でした。また、一昨年の年賀状にはお孫さんとご一緒の写真が添えられていましたが、こんな年賀状は初めてでしたから初孫を得られたより喜びがひしひしを伝わってきました。あのお元気ではつらつとしていた浅見先生が、心臓発作で倒れられたという知らせを受け、驚くとともに、もうあの笑顔が見られないのかと胸ふさがる思いです。

エピソード

❶浅見先生が私たちのクラス担任になられたのは、町立川村中学校三年生のときでした。当時の川村中学では、二年から三年の担任は持ち上がりといって二年間続けて担当するのが暗黙のルールでした。ところが私たちの二年C組は個性が強いうえ、自己主張がはっきりしている者が多く、また、二年時の担任が大学を卒業したての先生だったこともあり、担任がクラスの生徒をコントロールできない状態になっておりました。机の横に「ただ今ボイコット決行中」と書いた紙を貼り、授業とは異なる科目の勉強をしている者もいました。とはいっても静かなる抵抗でしたから授業の邪魔をするわけではなく、まじめに授業を聞こうとしている生徒は普通に授業

具体的に伝わる話題を選ぶ

参列者には様々な方がいるので、エピソードを語るときは、誰が聞いてもわかりやすいような話題を選ぶようにします。

学生時代の思い出を語る

❶恩師への弔辞なので、学生時代のエピソードを語るとよいでしょう。

を受けることができたのです。けれども、当の先生にとっては、数少なからぬそうした生徒がいたことはいたたまれない気持ちだったでしょう。

そんな状態でしたからそのまま三年に持ち上がることは不可能と、担任の先生ご本人かあるいは校長先生が判断したのだと思います。❶私たちのクラスだけ、三年になるときにクラス担任が変わり、そこにやっていらしたのが浅見先生でした。大抵の先生ができたら避けたいと思う難しい状況だったと思います。「大学出たての次は、女の先生か」と白けているクラスメイトもいましたが、浅見先生は担任になられるとまもなく私たちの心をがっちりつかんでしまわれました。まずは先生のご担当教科である数学で、楽しく、また優しくも厳しく私たちを指導され、授業ボイコットなどとんでもないという雰囲気をつくり出してしまわれました。それだけでなく、ホームルームや進路に関する面談などでは個人個人の状況に応じて非常にきめ細やかな心配りを見せてくださり、「どうして浅見先生はこんなことまでご存じなのだろう」と生徒同士で噂し合ったものでした。

たった一年間のお付き合いでしたが、私たちにとっては忘れえぬ恩師で卒業後も何かと機会があると浅見先生のお宅に集まり、先生に相談を持ちかけたり同級生どうして議論しあったりしたものです。中学三年生という微妙かつ危険な時代を、浅見先生と共に過ごせたことを心から幸せに、かつ誇りに思います。

ご遺族の皆様のお嘆きはいかばかりかと存じますが、どうぞお心を強く持たれて、悲しみから立ち直られますようにと祈りながら、お別れのご挨拶といたします。

恩師の病死を悼んで（八十代）

四十代　女性
教え子

始めの言葉　現在の心境　エピソード

高木一郎先生、久しぶりにお会いするのが、この場であることをお許しください。

❶今、私はこうして高木先生のご霊前に立っていますが、それでも先生がお亡くなりになったことを信じることができません。

二年前、高校の同窓会でお目にかかったとき、先生は八十代とは思えぬほどお元気で、大きな声で英語の挨拶をされ、私たちに学生時代の授業を思い出させてくださいました。

❷先生の英語の授業はとても楽しいものでした。先生は生きた英語を聞かなければならないといって、テレビの二カ国語放送のドラマや映画を英語の音声で録画してきて見せてくださったり、市内の別の高校へ留学してきていたアメリカの高校生との交流会を開いてくださったりしました。

英語が苦手だった私は、映画や留学生との会話を通して英語が好きになりました。そのおかげで、社会人になったとき、仕事で海外出張に行っても臆せずに英語を話せています。これは私だけではありません。過日の同窓会でその話題になり、多くの同級生が、私と同様の経験を話していました。

先生は、高校二年から三年と、私たちの担任を受け持ってくれました。進路指導

現在の心境を語る

❶突然の悲報に、まだ悲しみが実感としてない場合は現在の心境を語るのもよいでしょう。

恩師の教えと受けた影響を語る

❷恩師から教わったことで、現在に活かせていることがあれば、それを語ります。

故人への感謝　冥福を祈る

だけでも大変なのに、社会人としての基礎をいろいろと教えてくださいました。その一つが、テーブルマナーです。当時は、まだフランス料理などが普及していないころでした。先生は学校の準備室で二～三人の生徒に弁当を持ってくるように呼び出し、先生が用意してくれたお皿に入れ替えて、ナイフとフォークでお弁当を食べるのです。

くすぐったい経験で、社会に出たときに、それがそのまま役に立ったとはいえませんが、人に接するときにその人の役立つことをしたいという精神を先生から学んだ気がしています。

私たちは、人生の一番大切な時期に、生徒思いのよき師を得たこと、本当に嬉しく思っております。

先生は永い眠りにつかれましたが、先生の教えは、私たちの心の中に生き続けます。これからも私たちを見守ってください。

高木先生、ありがとうございました。どうか安らかにお眠りください。

●献花の作法●

キリスト教の儀式では、「献花」を行うことが多いようです。

献花に使われる花は、茎の長い白い花です。普通は式場に準備されているものを使います。

献花の手順

(1)棺の前に進み、遺族に一礼したあと、花を両手で受け取ります。花が右手側にくるようにし、右手は下からそえ、左手は茎を上からつまむようにします。

(2)胸の前に花を持ち、献花台の前で一礼します。それから花が手前、根元が献花台のほうに向くように花を回転させます。

(3)左手を花を下から支えるように持ち直し、花を手前にしたまま献花台に置きます。

(4)黙祷し、一礼をして献花台から離れ、遺族や神父に礼をして席に戻ります。

※キリスト教式の黙祷は、胸の前で手を組むのが正式な作法ですが、信者でない場合は手は組まなくても構いません。

恩師・教え子への弔辞

日本舞踊の先生の病死を悼んで（六十代）

二十代　女性
教え子

始めの言葉

坂柳舞花先生のご霊前に謹んで哀悼の意を述べさせていただきます。

驚き・悲しみ

舞花先生がお亡くなりになったという知らせを聞いたとき、信じられないという思いでいっぱいでした。ご病気を患っていらっしゃるとは伺っておりましたが、そんなに悪かったなんて……。

エピソード

①先生は、数えで六歳のときに坂柳舞水先生に師事され、十六歳で名取、二十一歳で師範免許を授与されお教室を開かれました。数々の賞も受賞されておりましたが、決して驕ることなく、舞踊の道に邁進しておられました。そんな先生のお姿は、私たち弟子の目標でもありました。

私も、数え六歳で先生のお教室に入れていただき、先生には大変お世話になりました。そして昨年、ようやく師範の免許を取ることができました。といってもまだ三十歳前の若輩者です。先生にはまだまだ教えていただきたいことがたくさんありました。

先生には、単に踊りのことだけではなく、人としての生き方も教えていただきました。踊りの所作ひとつひとつにも意味があって、それをきちんと極めることで、生き方も変わってくるとよく話されていました。

故人の功績を称える

①故人の功績を具体的に紹介し、称えるようにします。

故人へのメッセージ

冥福を祈る

先生のお教室に通っている子供たちは、私もそうでしたけれど、ご挨拶ができてお行儀もいいと、いろいろな人から、よく言われます。また、一緒にいるととても楽しくなるとも言われます。

これも、先生のご指導が、単に踊りの所作だけではなく、その意味や必要性をわかるまで教えてくださったからだと思います。

❷私も、自分たちの弟子に、そして子供に、先生の教えをもとに指導していきたいと思います。

先生は逝ってしまわれたけれど、先生の教えはこのようにして生き続けると思います。

坂柳舞花先生、誠にお世話になりました。先生とお別れするのはつらいけれど、❷先生のお教えを守ってこれからも舞踊の道に精進したいと思います。見守っていてください。

先生のご冥福をお祈りし、お別れの言葉とさせていただきます。

決意表明をする

❷故人の思いを受け継いでいくという決意表明を弔辞に含めてもよいでしょう。

●葬儀・告別式の受付でのマナー●

コートやショール、また大きな手荷物などがある場合は係の人に預けます。

1.香典を渡す

お悔やみの言葉を述べたあと、ふくさから香典を取り出します。ふくさは軽くたたんで手前に置きます。それから、「ご霊前にお供えください」の言葉をそえて両手で渡します。このとき、不祝儀袋は相手側から文字が読める向きにします。

2.記帳する

備え付けの会葬者名簿に住所、氏名を記入します。通夜に参列していた場合はその旨を係の人に伝えます。

3.葬儀場へ

記帳を終えたら、「お参りさせていただきます」と言って一礼し、会場に向かいます。

弓道の師匠の病死を悼んで（七十代）

四十代　男性
教え子

始めの言葉

髙橋泰士先生、謹んでご逝去を悼み、ご霊前にひとこと弔辞をのべさせていただきます。

❶生前の厳しくも温かなご指導に対し、あらためてお礼申し上げます。

驚き・悲しみ

高橋先生。私は今、先生のご遺影を前に立っておりますが、先生が亡くなられたという実感を抱くことができません。先日、病院にお見舞いに伺ったときは、ご病気が快復に向かっているというお話を聞いたばかりだったからです。

エピソード

先生には、高校生のころから約三十年間、弓道を教えていただきました。私は、流鏑馬を見て弓を射ってみたいという単純な思いから、先生の道場へ入門させていただきました。高校時代の私は「馬に乗って矢を射る」という姿に憧れ、派手に見える動きに興味を持ったのです。しかし、先生から教えていただいたのは「静」の動きでした。

単なるスポーツと思っていた私に、弓道の奥義を説いてくださったのも先生でした。精神的な修養も教わりました。まるで心を打つかのように、心の動きが的を射抜く結果につながると教えてくださいました。若造の私は、そのようなことがあるはずはないと思っていたものの、私の心情を次から次へと当てられるうちに、身を

生前に受けた恩への感謝を述べる

❶恩師への弔辞では、故人から生前に受けた恩に対する感謝の言葉を述べるようにします。

持って信ずるようになりました。

社会に出た後、先生にはいろいろなことをご相談させていただきました。仕事のこと、結婚のこと、子育ての仕方など……。先生は親身になって私の話を聞いてくださいました。

今、ようやく、心を鎮め、集中するという強さは、弓道だけでなく、人生における何事にも相通ずるものがあると考えることができるようになりました。

先生に出会えたからこそ、私は弓道を三十年間も、続けることができたのだと思っております。

故人へのメッセージ

まだまだ未熟な私は、これからも先生に教えをいただきたいと思っていたのに誠に残念です。

先生に説いていただいた「真・善・美」を追求し、精進していきます。

長きにわたるご指導、誠にありがとうございました。その上であえて申し上げます。❷願わくば、末永く私たちの行く末をお見守りください。

冥福を祈る

それでは安らかにお眠りください。

ご冥福をお祈り申し上げます。

恩師への思いを伝える

❷これからも、故人に見守り、心の支えになってほしい旨を伝えます。

恩師・教え子への弔辞

恩師の事故死を悼んで（三十代）

十代　女性
教え子

始めの言葉

高木麗子先生のご霊前に、県立第二高等学校の生徒代表として、お別れのご挨拶をさせていただきます。第二高等学校吹奏楽部部長の山内晴香と申します。

高木先生は、県立第二高等学校で音楽の授業を担当され、課外では、私たち吹奏楽部の顧問をして下さっていました。

高木先生は、音楽大学時代にはフルート専攻で、大学内のオーケストラでもご活躍されたと伺っています。授業や部活動では、そのときの実体験をまじえながら、音楽を演奏する喜びと鑑賞の楽しさを教えて下さいました。特にフルートのパートがある曲についてとなると、次から次へとおもしろいお話が飛び出してきて、高木先生の熱意と音楽の世界のおもしろさに、いつも夢中になって話に聞き入ったものでした。

❶音楽を心から愛し、いつも熱心に指導に取り組んで下さった高木先生のおかげで、私は音楽が大好きになりました。高木先生にあこがれて吹奏楽部に入ったという生徒は、私以外にもたくさんいます。

吹奏楽部に入ってからは、先生とお話しする機会もさらに増えました。熱心な指導の合間に生徒たちと気さくにおしゃべりをしたり、親身に相談に乗ってくれたり

エピソード・悲しみ

恩師の人柄を伝える

❶故人が生徒たちに慕われていた様子をエピソードで伝えます。

冥福を祈る

故人へのメッセージ

する高木先生は、素晴らしい先生であり、また私たちのお姉さんのような存在でもありました。そんな高木先生を突然の事故で失ってしまった私たちの驚きと悲しみは、言葉では言い表すことができません。

高木先生の熱心なご指導のおかげで、第二高等学校の吹奏楽部は昨年のコンクールで念願の全国大会出場を果たしました。部員数も年を追うごとに増え、今では八十名以上で毎日放課後の練習に励んでいます。先生は、授業や副担任としてのお仕事でもお忙しい中、毎日のように部活動の指導をして下さいました。

先週の金曜日に行われた部活動では、先生とご相談しながら新しく取り組む曲を決めたところでした。「さっそく来週から練習を始めようね！」とおっしゃった明るい笑顔が、高木先生の最後の思い出になってしまうなんて……。先生が交通事故に遭われたという悲報を受けてから数日が経った今でも、とても信じることができません。

高校生というこれからの人生の礎となる時期に、先生に出会い指導を受けられたことは、私たちの一生の宝です。

その感謝を先生にお返しするためにも、吹奏楽部では先生と一緒に選んだ曲を生徒たちだけでも練習していこうと話し合いました。❷先生が私たちに教えてくださった音楽が、悲しみを乗り越える力を私たちに与えてくれると信じています。どうか、見守っていて下さい。

高木先生、今まで本当にありがとうございました。心からご冥福をお祈りします。

恩師への思いを伝える

❷これからも見守ってもらいたい、心の支えでいてほしいという思いを伝えます。

恩師・教え子への弔辞

教え子の病死を悼んで（十代）

四十代　男性
中学校の教師

始めの言葉　驚き、悲しみ　エピソード

高梨誠君のご霊前に、謹んでお別れのご挨拶を申し上げます。

誠君。こうして君の笑顔の写真の前に立つと、いつも学校で元気に挨拶をしてくれた明るい声を思い出します。その声をもう聞くことができないかと思うと、悲しみで胸が押しつぶされる思いです。

誠君は、私が教員を勤める若葉台中学校に一昨年入学されました。数学と体育が得意な明るい少年で、誰にでも人懐こく話しかけ、クラスのみんなから愛されるムードメーカーでした。

❶私は、誠君の一年生と三年生の担任として、誠君の中学校生活とその成長ぶりを間近で見せてもらいました。中学校入学当時には、まだ背も低くあどけない面持ちで、みんなから弟のようにかわいがられる存在だった誠君。話し合いのときにも臆せずに発言をして、クラスのみんなを和やかな雰囲気にしてくれました。一年生のときの体育祭では、クラスリレーのアンカーに抜擢されました。クラスみんなが協力し合い練習に励みながら迎えた当日、いつもの笑顔とは打って変わった真剣な表情でトラックを走り切り、クラスを優勝に導いてくれました。責任感の強い誠君が、笑顔の陰で誰よりも真剣に練習していたことは、クラスのみんなも私もよく知って

学校での思い出を話す

❶教師として、故人を学校で見続けた思い出を語ります。

冥福を祈る　お悔やみの言葉

いました。

二年生の一年間は、私は数学の授業のみの担当でしたが、授業中の積極さや体育祭での活躍は相変わらずでした。生徒たちの活動の輪の中に誠君の姿があると、教師が介入しすぎず生徒たちに任せても大丈夫、という信頼と安心感を与えてくれる少年でした。

三年生で再び誠君の担任をできることになったものの、ついに登校は四月の数日のみとなってしまいました。若い人ほど進行の速い病気ということは伺っていましたが、こんなにも早く誠君が帰らぬ人になってしまうとは、誰も想像することはできませんでした。

最期の数カ月間、本当はとても苦しいはずなのに、誠君はあまり辛さを口にしなかったとのこと。優しい誠君らしく、ご家族や周囲の方への思いやりだったのではないでしょうか。あどけない少年だった誠君の心は、闘病生活の中で、残されていたはずの人生の分まで成長していたのかもしれません。

❷ご遺族、特にご両親のご心痛を思うと、おかけする言葉が見つかりません。心からお悔やみを申し上げます。

誠君、君の中学生時代をこの目に焼き付けられたことを誇りに思っています。闘病生活、本当によく頑張りましたね。人一倍頑張ったぶん、今は、ゆっくりと休んで下さい。

心から、ご冥福をお祈りしています。

家族を思いやる

❷子を先に亡くしたご両親を思いやる言葉を述べます。

弔問側のあいさつ

恩師・教え子への弔辞

教え子の事故死を悼んで（十代）

四十代　男性
高校の教師

始めの言葉

大村祐樹君、静岡県立西が岡高校の職員一同を代表して、御霊に哀悼の辞を申し上げます。

驚き、悲しみ

祐樹君、この突然の訃報に接して国語の教師としては恥ずかしい限りですが、私には適切な言葉が見つかりません。信じられない、そしてただ悔しい、それが本音です。

エピソード

高校に入学した一年生のときから、私は祐樹君の担任として接してきました。運動クラブに入ったり、クラスの委員長に自ら立候補したりすることもなく、いつも静かに目立たずに過ごしている印象でした。けれどもホームルームの時間の話し合いなどで何か話題が行き詰ると、思いがけないアイディアを出して場面を展開させる才能を持っていました。❶また正義感が強く、運動クラブに所属しているクラスメイトや、体が大きな上級生にも、恐れず正しいことを、それも静かに主張していた姿勢が鮮やかに印象に残っています。

二年生になると図書委員に名乗りを上げ、私と接する時間も長くなりました。本当に本が大好きで、同級生からは「ちょっと変わったやつ」と思われていた節がありますが、江戸時代の西鶴や十返舎一九の作品から、ロシア文学やアメリカの現代

故人の印象を語る

❶学校での印象的なエピソードを語り、人柄を伝えます。

お悔やみの言葉

文学、ミステリーや科学のノンフィクション等、本当に広く読み漁っていましたね。「祐樹君は将来何になりたいの」と聞く私に、「まだ絞り込めていないんです」と語っていた祐樹君ですが、私は「若いうちは広く浅く何でも読め」という立場ですから、そうした祐樹君の読書ぶりに感心し、将来、こうして培った知識や知恵が、かならず祐樹君の世界を広げ、思慮深い大人になることを助けると信じていました。

それなのに、こんなに早く、しかも突然の事故で亡くなるなんて、神仏もときには心無いことをすると恨みたい気持ちになります。❷なんでも、踏切で動けなくなった人を救おうとして、その人は救ったものの自分の身をかばうのが間に合わなかったとのこと。本当に勇気ある行動で、正義感あふれる祐樹君らしいと思います。でもそれでも、無念の気持ちに変わりはありません。

また、祐樹君をここまで育ててこられたご両親はじめ、ご遺族の皆様の悲しみの深さ、悔しさの大きさは測り知れません。さぞお力落としのこととは存じますが、どうか気力を奮い立たせ、ご自愛なさって祐樹君をしのび続けてあげてください。

冥福を祈る

❸私たちも祐樹君に会えたことを誇りに思い、いつまでも忘れません。つらいけどお別れです。心よりご冥福をお祈りします。

故人の功績を称える

❷故人の功績を十分に称えるようにしましょう。

故人との出会いを誇る

❸故人と出会えた喜びと誇りを伝えるようにします。

職場関係者・後輩・部下への弔辞

職場の後輩の病死を悼んで（二十代）

三十代　女性
職場の先輩

始めの言葉　驚き、悲しみ　エピソード

山川奈美さんのご霊前に、謹んで惜別の言葉を捧げます。

奈美さん、約束が違うじゃないですか。一年前、三年越しの付き合いの彼とやっと婚約にこぎつけた私に、「先輩の結婚式には、私が必ずお祝いのフルート演奏をしますからね」と言ってくれたのにあなたはその約束を果たさずに逝ってしまいました。もちろん、誰よりもあなたがそのことを悔しく、残念に思っていることでしょう。結婚式のお祝いなんてどうでもいいです。でもあなたのフルート演奏を、ついに一度も聞くことができずにお別れしてしまったんですね。

❶奈美さんは本当に素敵な後輩でした。あなたが新入社員として、私と同じ宣伝部に配属されてきたのは五年前でした。宣伝部配属が希望だったという由美さんは、はつらつとして、生き生きと仕事をしていました。私が新人のころはもっとオタオタ、うろうろしていたのにと、うらやましく感じたものです。ショートカットで服装もボーイッシュで、はきはきして、それでいて人の面倒見がよく、こういってはなんですが男性よりも同僚や後輩の女性にたいへん好かれていましたね。どちらかというとスローな私とは全く異なるタイプでしたが、逆にそれゆえに気が合って、仕事が終わってからもよく一緒にお茶を飲んだり、ときどきはワインを傾けたりし

具体的な死因は語らない

遺族のことを考え、具体的な死因には詳しく触れないようにします。

職場でのエピソードを語る

❶職場でのエピソードを紹介し、故人との関係や故人の人柄を伝えます。

ていました。

入社後三年たったときには、もう様々な企画を自分で考え、「先輩、これなんかどう思います？」と企画書を私に見せてくれたものです。その企画書は単なるアイディアをまとめたものではなく、ライバル会社の情報やマーケッティングもしっかりされていて、これが私より年下の人の企画かと驚き「私なんかではなく、すぐに課長に見せたほうがいいと思う」と先輩ぶってアドバイスをしました。

そうした努力は上司からも高い評価を受け、「女子宣伝部員の希望の星だ」と期待されていました。おかげで私も「君の指導がいいからかな」と、何もしていないのに上司に褒められたりしたものです。

奈美さんはこれから宣伝マンとしてますます力をつけ、またプライベートでも充実した日々を送っていくはずだったのに、そんな矢先の急なご逝去でした。志半ばで旅立たざるをえなかった奈美さんの胸中を思うと、無念で、悔しくてなりません。また、ご遺族の皆様の心中を思うと、ほんとうにお悔やみの言葉もありません。

奈美さん、至らぬ先輩でしたが、温かいお付き合い、本当にありがとうございました。

心残りはあるでしょうが、今はもう安らかに眠ってくださいね。さようなら。

職場関係者・後輩・部下への弔辞

職場の後輩の事故死を悼んで（三十代）

三十代　男性
職場の先輩

詳しい状況は語らない
事故当時の詳しい状況を語るのは避けましょう。

驚き、悲しみ

相原勇太君、突然の訃報に接し、まだ耳を疑っています。バイクが大好きだったけれど、バイクを愛するがゆえに、いつも誰にもまして慎重運転で、後輩たちにも交通ルールを守ることに厳しかった君が事故に巻き込まれてしまうなんて。

相原君とは、会社では課が隣りあっている同僚でしたが、同時にたまたま二人とも学生時代に柔道をやっていたことがわかり、以来、先輩後輩という間を超えた道場仲間でもありました。来月に迫った県の柔道大会では、互いに活躍を誓っていましたよね。ライバルの多い軽量級の君は、「個人戦ではメダルは無理だと思うから、団体戦で頑張る」と、健闘を約束してくれていたのに……。本当になんということだろうか。君はもう、このご自宅にも、会社にも、道場にもいない。今日も道場に行ってきたのだけれど、君の柔道着と名札はまだあるものの、それを着たり裏返したりする人はもういないんだね。この状態がこれからずっと続くのかと思うと、喪失感にさいなまれます。

相原君は、ふだんはたいへん物静かで大きな声を立てることもせず、知らない人は「とても柔道をやっているとは思えない」とよく言っていました。しかし、我われ柔道仲間では、「強い人ほど物静かだ」というのが定評です。ふだんから強面の人は、プロの格闘家は別として、あまり強くはないのです。本当に強い人は強がる必要はないのですから。そういう静かな相原君が、試合となると別人のように闘志をみなぎらせ、自分より優位の相手にもいつもあきらめず、粘り強く戦っていました。階級が上の人間と稽古をするときでも、投げ飛ばしても転がしても、「もう一本」、「もう一本」と、こちらがいやになるほど食い下がってくるタイプでした。僕らも「あいつが諦めないんだから、僕らも頑張るしかないよな」と言い合っていたものです。

仕事でも同様に粘り強く、上司たちも、「あいつは目立たないけど粘るね。ライバル会社を相手に、負けても負けても諦めないところがすごい」と評価していました。

奥さんの由美さんは、そんな相原君の長所をよく知って、長いお付き合いの上で結婚されたと聞いていますが、その奥さんのお悲しみの深さは様子を拝見すれば察しがつきます。横にあどけなく立っておられる二人のお子さんとは初対面ですが、相原君がよく見せてくれる写真でお顔を存じ上げています。二人ともまだ相原君の死がわかる年齢ではないでしょうが、相原君ともにすごした日々は、必ずよき思い出として二人の心に残っていくに違いありません。

❶僕たち柔道仲間はもちろん、会社の仲間たちも微力ではありますが、奥さんと二人のお子さんのためにできる限りの援助をしてくつもりです。お子さんたちもきっと君の素質を受け継ぎ、諦めず、粘り強く人生に立ち向かう人に成長してくと信じています。だから相原君、どうか安心して安らかに眠ってください。

遺族を励ます

❶遺族を励まし、支援していくことを伝えます。

三十代　男性
職場の先輩

職場関係者・後輩・部下への弔辞

職場の後輩の病死を悼んで（三十代）

始めの言葉

謹んで、加藤洋一さんのご霊前に哀悼の辞を捧げます。

驚き、悲しみ

❶加藤君、いつもどおりこう呼ばせてもらいます。

君が体調を崩し、入院すると聞いたのはついこの間のことだ。それなのに、一昨日、君の訃報の連絡があった。何万人に一人という難病にかかって逝ってしまうなんて……。なんとむごいことだろう。今、僕は混乱して、気持ちに整理がつかないままここに立っています。

エピソード

加藤君、君とはこれから何十年も、人生を、仕事を、家族のことを話し合っていけるものと信じていた。君が入社してきたとき、君より数年前に入社していた僕は、その年の新入社員教育のお世話役として、君に初めて会った。歳は五歳ほど私が上だけれど、なぜかウマが合ったね。

君は、先輩、先輩といって私を慕ってくれて、一緒によく飲みに行ったね。飲んでいても、口数は少ないのに、人を妙に納得させるところがあった。話をよく聞いてくれるからだったかもしれない。

仕事のときも、結婚するときも、自分の迷いを言うと、それでそれでと、僕の意見を聞いてくる。気がつくとその間に、自分の意見がまとまっていたと感じたこと

❶普段通りに呼びかける

普段、社内で呼んでいた呼び方で語りかけると温かみが増します。

冥福を祈る

故人へのメッセージ

が何度もあった。

もちろん、君の建設的な意見がとても役に立ったこともあった。君は聞き上手で、それに、相手が何を欲しているかがよくわかる人だったね。君と話をしていると、妙に安心感を覚えたものだった。

先ほど、お父さまから聞いたけれど、君のご遺体は献体されるそうだね。自分のかかった難病の研究のために少しでも役に立ちたいというのが、最期の言葉だったとも聞いた。人のことを思う、君らしい決断だ。

もう、君と話すことはできない。でも、迷ったときも嬉しいときも悲しいときも、一生、君に話しかけていきたい。うるさいと思うかもしれないけれど聞いてくれ。

それが、先に逝ってしまった加藤君の務めなのだから。

じゃ加藤君、安らかに眠ってくれ。

心よりご冥福をお祈りいたします。

故人を称賛する

❷故人の生き方や考え方、姿勢を称賛してあげるのもよいでしょう。

●訃報をあとで知ったとき●

何らかの事情で訃報をあとから知るといったケースもあると思います。その場合は、知った時点ですみやかに弔意を表すようにします。次のように進めるとよいでしょう。

まず電話をする

遺族に「亡くなったのをいま知った」ということを電話で伝えます。その際、お悔やみと葬儀に出席できなかったお詫びを伝えます。

それから、弔問にうかがってよいかどうか、遺族の都合を聞きます。

弔問する場合

弔問する場合は香典と供物を持参し、お悔やみの気持ち、葬儀に出られなかったことへのお詫び、遺族へのねぎらいを伝えます。仏壇があればお参りし、納骨前であれば後飾り檀に線香をあげます。長居せず、早目に辞去するのがマナーです。

弔問しない場合

弔問しない場合は、「お悔やみ状」を送ります(204ページ参照)。

職場の後輩の病死を悼んで（六十代）

七十代　男性
職場の先輩

始めの言葉

村本忠志さん、今、あなたの御霊前に立ち、これから職場を代表してお別れの挨拶を述べます。こんな日が来ようとは……。

悲しみ

村本さんと私とは、二十五年前に一緒に出版関係の会社を興した、言わば盟友です。大学の映画サークルの後輩だった村本さんを私が誘ったのです。そうです、彼は私の後輩、二歳年下です。順番が違うじゃないか、という思いがしています。

エピソード

会社設立の話を持ちかけた頃、彼は、まったく別の業種の、一流と言われる企業に勤めていたので、断られるだろうと覚悟していました。しかし、しばらく考えたあと、彼は私にその人生を託す決断をしてくれました。彼の博学ぶりや文章の巧さ、人あたりのよさ、豊富な人脈等々、編集者に必要と思われる資質を彼がすべて兼ね備えていることをよく知っていましたので、私は、彼が加わってくれさえすれば、起業はきっとうまくいく、と確信していました。

会社は、彼と二人でスタートさせました。五年後に十人の規模になり、世紀が変わる頃には、六十人を超える大所帯となりました。現在は百人近くの社員を抱える、業界で少しは名の知れた存在となっています。ここまで会社を大きくすることができたのは、ひとえに彼、村本さんのおかげだと心から思っております。

若い時分、私は激しやすく、私の言動で嫌な思いをした社員も数多くいたと思います。❶たまたま私の不機嫌にあたってしまった社員を、彼がその都度慰めていたことを知っています。彼は繊細で、よく気がつく人間でした。また、彼は、人を見る目も確かで、人を育てるのも上手でした。かつて彼が目をかけた部下や外部スタッフで、今、有名になっている著者や編集者も何人もいます。彼が、私とはタイプの違う、いえ、正反対と言ってもいいほどの性格の持ち主だったから、私たちの関係はうまく行ったのだと思います。パートナーとして、彼以上の人物はいなかったと思います。それだけに、彼を失ったことは、「大きな痛手」という言葉ではすまないほど、計り知れない影響があるでしょう。まだやりかけの仕事も多かったので、本人がいちばん無念に思っているものと思います。本当に残念でなりません。

先輩であることをいいことに、彼につらくあたったことも何度もあります。それでも、彼はこの私についてきてくれました。彼は、誰よりも会社を愛していました。本当にいい奴でした。最近は二人で酒を飲むことも、めっきり減っていましたが、もう一度、心行くまで語り明かしてみたかった……。

彼との思い出を語り始めると、きりがありません。際限なく、それは出てきます。今日だけは、村本さんと飲み明かすつもりで酒を飲ませてください。

❷会社のことは心配するな。あとはちゃんとやるから、向こうで少しの間、待っていてくれ。ありがとう、村本。

故人へのメッセージ
結び

❶ **故人の仕事ぶりを伝える**

故人の仕事ぶりを語りながら、故人の人柄を伝えるようにします。

❷ **故人に呼びかける**

最後に故人に呼びかけ、結びとします。

職場関係者・後輩・部下への弔辞

仕事関係の後輩の病死を悼んで（三十代）

四十代　女性
仕事関係の先輩

始めの言葉　驚き、悲しみ　エピソード

大川雅子さんのご霊前に謹んでお別れの言葉を述べさせていただきます。

花を愛し、自然を愛し、山歩きが大好きで健康そのものに見えた大川さん。長期休暇には外国まで山歩きに出かけて行くという積極性とチャレンジ精神も持っていらっしゃいました。そんな大川さんが三十代半ばという若さであの世に召されてしまうとは……。非常に残念で喪失感にさいなまれております。

❶大川さんと私は、六年前、仕事を通じてお付き合いが始まりました。大川さんはみどり百貨店の仕入れ部に勤めていらして、私が輸入雑貨を売り込みに行くという立場で知り合いになりました。最初から、私より十歳近くお若いのにとてもにこやかで、いつも精神が安定して穏やかで、しかもおしゃれで女性としても大変チャーミングな方という印象でした。仕事の上ではときに厳しいことも言われましたが、それが逆に、表面的なあたりの良さではなく、同僚とはもちろん、取引先の誰とも誠実にお付き合いする人だなと感じさせられたことを思い出します。

あるとき、大川さんの退社時刻にたまたま私がみどり百貨店の間近におりまして、従業員通用口の近くでばったりお会いし、「これも何かの縁ですから、お茶でも飲みましょうか」ということになって喫茶店に入りました。そこでお話ししているうち

仕事での関係性を伝える

❶故人と自分に、どのような関係性があったかを伝えます。

冥福を祈る　お悔やみの言葉

に、じつは出身大学が同じだということがわかり、それ以来、ときどき山歩きに誘ってくださるなど、プライベートでもお付き合いするようになりました。そんなときでも、大川さんは公私の別はきっちりつけて、「プライベートのときは仕事の話はなしね」というルールをしっかり守っていらっしゃいました。

そんなお付き合いをして戴いていたので、私はかなり大川さんと親しくなったと思っていましたが、ご病気のことはごく最近まで存じ上げませんでした。❷二十代の半ばに初めてご病気がみつかり、いったんは治ったということになっていたものの、近年また再発したとのこと。本当に驚いています。いつも明るく、笑顔いっぱいで山を歩いていた姿からは、闘病中などということは全く想像できませんでしたから。そのタフな精神、敬意と感動を禁じえません。

ご遺族の方々には、ご自慢の娘さんをこんなに早く失われ、さぞお力落としのこと存じますが、どうかお体をご自愛のうえ、一日も早く立ち直られますよう、祈っております。

大川さん、大変つらいですがお別れです。大川さんの魂が安らかであることを心から祈っています。

病名の伝え方を考える

❷「がん」などの病名がわかっていても、はっきりと病名を言わずにその他の言葉で表現することもあります。

職場の部下の病死を悼んで（二十代）

四十代　女性
職場の上司

始めの言葉　驚き、悲しみ　エピソード

謹んで、山口圭子さんのご霊前に哀悼の辞を捧げます。

❶なぜ、こんなに早く逝ってしまったのでしょうか……。

半年前に体調がすぐれず、入院することになったとうかがいました。お見舞いにいったとき、あなたは「先輩、すみません。職場に復帰したらバリバリ働きます。そのときは、またよろしくお願いします」とあんなに明るく話してくれたのに。まさかこんな形になろうとは、思ってもみませんでした。

山口さんが、私の部署に配属されて三年。明るく、人懐っこい性格だったあなたは、すぐ部のみんなと打ち解けていましたね。仕事に対しても、積極的にこなしていこうという姿勢が見られました。そんな、あなたの姿を見て、私も気を引き締め直したものでした。

一年目の冬、私が「企画書を作ってみない？」と言ったとき、あなたは本当に嬉しそうに「やります」と言ってくれましたね。私は、あなたが作った企画書に何度もやり直しを命じました。しかし、あなたは諦めることなく企画書を作りなおしてきました。

その後、あなたの企画書が通るようになり始め「先輩のおかげでコツがつかめた

今の気持ちを素直に表現する

❶驚きや悲しみの気持ちを素直に表現するのもよいでしょう。弔辞を読むときは、あまり取り乱さないように注意します。

冥福を祈る
故人へのメッセージ
お悔やみの言葉

気がします」といってくれたこと、私はとても嬉しかった。それからも、よく二人で一緒に仕事をしましたね。この一年は、私のことをしっかりとサポートしてくれるようになり、山口さんには将来を期待していました。

あなたが他界されたことは、本当に残念でなりません。もちろん、お若くして嬢様を亡くされた、ご遺族の方々も同様に違いありません。ご遺族の皆さまには一日も早く傷心を癒され、立ち直られることを祈念してやみません。

山口さん、あなたの最後の企画が実施されることが決まったようです。あなたの意志は、私が必ず引き継ぎ、成功させてみせます。

もしも、進み方が間違っているときは、夢の中でもいいから「先輩、こっちです」とあの明るい笑顔を見せてください。私は楽しみに待っています。

山口さん、どうぞゆっくり休んでください。

心よりご冥福をお祈りいたします。

遺族を思いやる

❷いたわりの言葉や心情を思いやる言葉を述べ、遺族への配慮を忘れないようにしましょう。

●形見分けを受ける●

形見分けとは

「形見分け」とは、故人が愛用していた物や大切にしていた物を近親者や故人が生前親しくしていた友人などに贈ることをいいます。故人の遺言によることもあれば、遺族が判断して行うこともあります。

贈るほうの注意点

形見分けするのは、時計、万年筆、装飾品、装身具、衣類、書物、盆栽などで、品物はきれいに手入れをし、衣類などはクリーニングしてから送ります。あまり古いものや傷んでいるものは避けます。包装せずそのまま渡すのがマナーです。

一般に故人より目上の人に形見分けをするのは避けたほうがよいとされ、また高価な品物は贈与税の対象になることがあります。

受けるほうの注意点

遺族から形見分けの申し出があったときは、素直に受けるのが礼儀です。こちらから形見分けを願い出るのは、よほどのことがない限り失礼にあたりますので慎みましょう。

職場関係者・後輩・部下への弔辞

職場の部下の事故死を悼んで（二十代）

三十代　男性
職場の上司

始めの言葉

本日、私ども豊島電工設計課の中村太郎君の告別式に当たり、謹んで弔辞を捧げます。私は直属の上司であった課長の中島茂と申します。

驚き、悲しみ

皆さまご存じの通り、ちょうど一週間前、出張先のマレーシアから日本への一年ぶりの帰国の途上、中村君が乗られた旅客機が太平洋上に墜落して、中村君は二十八歳で不帰の客になられてしまいました。

私ども仕事仲間は全員、最初、事故のニュースが入ってきたとき「どうか、急に予定を変えて事故機に乗っていなかったという連絡が入りますように」と心から祈っておりました。ご友人の皆様、そして何よりもご家族の皆様こそが悲痛な思いでそう願っておられたとお察しいたします。

エピソード

中村太郎君は、大原電子大学を卒業後、❶私ども豊島電工のエンジニアとして入社され、強い責任感と勤勉さを持って、職務を遂行されてきました。その生真面目さから、入社三年目には胃潰瘍にかかり、ご両親や周囲の人たちから心配されましたが、お医者さんに「心の持ち方を変えないと再発するよ」と脅されたとのことで、病後はかえってふっきれたようにおおらかになられました。そして、海外への出張も、製品据え付けやその後のアフターフォローの業務はもちろん十分に果たされて

職場でのエピソードを語る

❶職場でのエピソードを語り、故人の人となりを伝えます。

いましたが、現地の人たちとも仲良くなって、一緒に旅行をしたり好きな釣りに行ったりなど遊びも楽しんでおられていたようです。そうした話を嬉しそうに話す中村君の笑顔が、昨日のことのように思い出されます。

その中村君が、航空機事故とはいえ殉職されたことは、まさに断腸の思いでおります。同じ仕事をしております私どもも海外へ出張いたしますので、他人ごとではありませんが、二度とこのような悲しい知らせを受けることがないことを祈らずにはおられません。

❷中村君の思わぬ急逝で、結婚二年目の奥さまの悲しみはいかばかりかと推測いたします。また若くて亡くなられることだけでも痛ましいのに、ご家族の皆様には何の心の準備もない突然の死であったことは、悲しみが癒えるまでに相当の日時がかかるものとお察しいたします。

奥さまのお腹には一番目のお子さんがいらっしゃると伺っております。さぞ中村君も初めてのお子さんのお顔を見たかっただろうと、あなたの無念の思いが心に沁みます。でも、お子さんはあなたのDNAを受けついで、きっと責任感のある勤勉な大人に成長して奥様を支えていかれると思います。中村君もどうか、お二人やご両親の幸せを見守ってあげてください。私どもも微力ではありますが、ご遺族の今後にご助力をさせていただきたいと思っております。

いろいろと心残りはあろうかと思いますが、どうぞ安らかに眠ってください。心からご冥福を祈っております。

支援の申し出

冥福を祈る

遺族を励ます

❷遺族を励まし、いたわりの言葉をかけるようにします。

職場関係者・後輩・部下への弔辞

職場の部下の病死を悼んで（三十代）

四十代　男性
職場の上司

始めの言葉

菊田翔君のご霊前に、謹んで哀悼の意を表します。私は菊田君の上司に当たります営業局部長の山口京平と申します。

驚き、悲しみ

私などよりもはるかに若く、生命力に満ち溢れていた菊田君が突然にこのようなことになるなど、本当に思いもよらず、職場の誰もが愕然としています。

エピソード

十五年前、菊田君がわが社の営業マンの募集に応募してきたときには、私も面接官の一人でした。一流の大学を優秀な成績で卒業した菊田君が、わが社のような中小企業に応募してくれたことは大変な驚きで、社長以下一同、驚くとともに、その将来に大いに期待をかけていたものです。❶入社後には期待にたがわず早いうちからリーダーシップをとって、ひときわ目立つ存在でした。何かと先輩の指示を求め、上司に頼る新人が多いなか、菊田君はまず自分で調べ、考え、試してみるという姿勢を忘れませんでした。しかし独善的ではなく、自分一人では無理だと判断すれば、すぐに先輩に助言を仰いだり、同輩にもアイディアを求めるなど、誰ともコミュニケーションをとることがうまく、素直に人の助力を得ることのできる人でもありました。特に近年は、若い後輩たちを束ね、新たな販売戦略を立ち上げることに情熱をもって挑戦しておりました。私たち管理職の者は、そうした能力が非常に重要で

故人の人柄を語る

❶故人が職場で、どのように仕事を進めていたかを述べ、故人の人柄を紹介します。

あることをよく知っておりますから、「将来の有望な管理職候補だね」と話し合い、大いに期待していたものです。

またプライベートでも、忙しい中を縫って、語学を学んだり、学生のころから好きだったというスキーに出かけたりと、自己を磨くとともに、生活を楽しんでいた様子が十分にうかがえました。最近は、「僕にもやっと彼女ができました」と、あのいかつい顔をほころばせてにやついていたのを思い出します。

そんな充実した毎日を送っていた菊田君が、会社の定期健診でひっかかり、精密検査の結果肺がんが見つかったと聞いて驚きました。タバコは吸わず、お酒も付き合い程度しか飲まなかった菊田君が、どうしてがんに侵されたのでしょうか。「定期検診で見つかったのだから、まだ早期ですよ」と笑っていたし、私たちもそれを信じていたのに、なんとあっけなくあちらの世界に行ってしまったのでしょう。わが社の将来にとってももちろん痛手ですが、菊田君が持っていた素晴らしい可能性を思うと、神も仏もないものかと思います。❷私でさえそう思うのですから、ご自慢の息子さんをこんなにも急に亡くされたご両親のお気持ちはいかばかりかと思うと、心が痛みます。

菊田君の悲報に接した後輩や部下の者たちが、泣きながらも「先輩に恥ずかしくない仕事をしていこう」と誓い合っていたのを、私は知っています。どうかご両親も、そんな菊田君を誇りに思い、悲しみから立ち上がっていただきたいと思います。

菊田君、君のことは忘れません。どうか安らかに眠ってください。

故人の両親を思いやる

❷子供を亡くされた両親に、思いやりの言葉をかけます。

職場関係者・後輩・部下への弔辞

職場の部下の事故死を悼んで（三十代）

四十代　男性
職場の上司

始めの言葉

林一郎君のご霊前に捧げます。

驚き、悲しみ

今、君の霊前に限りない悲しみを込めて、業務部第一営業課課員一同、謹んで哀悼の意を表します。

不慮の事故により、五月十日、突然に逝去されました。思いがけず訪れた早すぎたお別れが、まるで悪夢の出来事のように感じられ、信じることができません。

エピソード

いま、この会場にくるときにも、君のデスクは課員が飾った花を除けばいつものとおりでした。「課長、只今戻りました」という君の元気な声が聞こえてきそうです。

林くんは、私たちの課に配属になって七年、全力で仕事に努めていました。会社に入社したとき、総務に配属されていた君は営業を強く希望していたそうですね。異動があったとき、総務課長から「おもしろい人間が営業に異動になりますよ」と聞いていたので、どんな奴なんだろうと楽しみにしていました。❶君は配属初日から、営業課のみんなとコミュニケーションをとり、一週間もたたないうちに、すっかり溶け込んでいたね。私が「君は物おじしないな」と言うと、林君は「僕は人と接することが本当に好きなんです」と話していたっけ。君の人柄に多く人間が魅了されていたよ。そして、その人柄は営業という仕事において、おおいに発揮されていた。

普段の感じで語りかける

❶故人が若い部下の場合は、あまり堅くならず、普段、話していた感じで語りかけてもよいでしょう。

冥福を祈る

故人へのメッセージ

転属二年目にして、早くも大きな契約を結んできたときには、正直、本当に驚いたものだった。しかし、その契約を取るために取引先のことを徹底的に調べ上げ、戦略を練り、担当者に断り続けられても、何度も足を運んでいた君の姿を忘れない。

林君は、わが社の営業課に必要な素養を兼ね備えている人物でした。最近ではプロジェクトの責任者として、日々、情熱を持って職務をなしとげ、すばらしい成果を上げていましたね。

私たちは、林くんを失って本当に悲しく、断腸の思いです。❷しかし、それ以上に、奥様、まだ幼い健太郎くん、美鈴ちゃんの悲しみは計り知れないものがあります。健太郎くん、美鈴ちゃんはまだ幼稚園で、林くんのことは忘れてしまうかも知れません。

でも、林くん、安心してください。君がどんなにすばらしい人間だったかは、私が話していきたいと思っています。いや、私が話さなくても、きっと多くの人が伝えてくれるでしょう。

だからこそ、安心して、天国から奥様やお子さんたちをも守ってあげてください。

心からのご冥福をお祈りいたします。

故人の家族や子供を気遣う

❷故人の家族に対する気遣いを忘れないようにします。

職場関係者・後輩・部下への弔辞

職場の部下の病死を悼んで（四十代）

四十代　女性
職場の上司

始めの言葉

高野順子さんの御霊前に謹んで惜別の言葉を捧げます。

驚き、悲しみ

高野さん、あなたは四十二歳の若さで、突然、旅立ってしまいました。残された同僚、部下たちは、皆、あなたが亡くなったという事実をまだ受け入れられないでいます。

エピソード

高野さんとは、高野さんが大学卒業後に当社に入社されて以来のお付き合いです。初めてお会いしたのは、もう二十年くらい前のことになります。

❶高野さんは、私のいた人事部に配属になりました。それ以降、高野さんは、主に採用・教育担当として、新人の発掘や後進の育成といったフィールドで活躍してこられました。採用面では、会社説明会の運営や入社試験の実施・成績管理、教育面では、さまざまな社員研修のプログラム作成および運営、異動調整に長く携わっていただきました。

入社後三年目からは、説明会や研修で司会も行ってもらうようになりましたが、その堂々とした進行は、プロも顔負けといった感じのすばらしいものでした。入社説明会での高野さんの姿に、わが社が「女性も生き生きと働く」会社だという憧れを抱いた志望者も多かったのではないかと想像します。

故人の実績を語る

❶職場でのエピソードとともに、故人の実績を紹介します。

冥福を祈る

家族への支援を申し出る

❷高野さんは、人前で喋るといった、ある意味で目立つ、華やかな仕事もこなす一方で、細かな事務作業、入社志望者や社員の情報管理なども完璧にこなしてくれました。一を聞いて十を知るタイプの、本当にとても有能な部下でした。私は上司ではありましたが、その意味ではとても楽をさせていただいたと思います。

そんな高野さんでしたから、社内での評価ももちろん良くないはずがなく、三十四歳のとき、次長に昇進しました。女性としては、当社始まって以来のスピード出世です。後輩の面倒見もよく、飾らない性格もあって、多くの同僚や部下に慕われていました。

三十九歳のときには、女性としては最速で部長に抜擢され、その後も、次々に積極的な人事施策を打ち出してこられました。「企業は人」……高野さんがよく語っていた言葉です。それを裏付けるかのように、高野さんは、よい人を選ぶことだけでなく、それ以上に、選んだ人がその後自己実現を果たしやすい環境を整えることにも情熱を注いでいらっしゃいました。会社が順調に歩んでこられたのは、優秀な人材を安定供給してくれ、その育成にも尽力された高野さんのおかげです。

このような優秀な人材を失って、職場全体が大きな悲しみに包まれています。

あなたが志半ばで果たしえなかった仕事は、私たちがしっかりと引き継ぎます。

また、ご遺族の皆様には、微力ながらできる限りの支援をさせていただきたいと思っております。

どうか安らかにお眠りください。

故人の功績を称える

❷故人の仕事の仕方や人柄を紹介しながら功績を称えます。

職場の部下の病死を悼んで（四十代）

四十代　男性
職場の上司

始めの言葉

謹んで、斉藤誠一さんのご霊前に職場を代表してお別れの言葉を捧げます。

驚き、悲しみ

優秀な部下を失って痛手だと思う気持ち以上に、斉藤君という、一人の、愛すべき人間を失った悲しみにくれています。まだ四十五歳……。どうしても陳腐な表現となってしまいますが、「早すぎる」という言葉が頭に浮かんできます。

エピソード

貴君は、わが社に入社以来、ずっと営業畑を歩んでこられました。営業成績は常にトップクラスで、貴君の営業トークは、ある箇所など、皆が一言一句真似していたほどでした。貴君の口癖「万事ＯＫ」も、もう聞くことはできないのですね……。

私が貴君と初めて出会ったのは、十五年ほど前のことです。私はそれまで、別の部署にいたのですが、人事異動により、貴君がいた営業部に管理職として籍を置くことになったのです。もちろん、互いに面識はありましたが、それまでは、すれ違ったときに挨拶を交わす程度の関係でした。

❶当時、貴君は、あるプロジェクトの中心的なメンバーの一人でした。そこに私が責任者として加わることになったのです。私は営業のことはほとんど門外漢で、配属初日は、不安が大きかったこと覚えています。的外れな指示をして、皆からそっぽを向かれないか、内心とてもビクビクしていました。

専門用語はNG

❶告別式には、職場の人間だけではなく数多くの人が弔問にきます。弔辞では、仕事の細かい内容に触れたり、専門用語を使ったりするのは避けましょう。

案の定、部下の中には、私に無理難題をふっかける人や公然と不平不満をぶつけてくる人もいました。❷そんな中で、私のことを一番心配してくれたのが貴君でした。部下が上司を心配するというのも変な話ですが、貴君は、そんな私をみかねて、A4用紙十枚くらいの資料を特別に作って、私に営業部員の仕事を一からレクチャーしてくれたのです。忙しい中、毎晩、私のために自主的に残って、二週間くらい、つき合ってくれましたね。説明もとてもわかりやすく、貴君が人柄、仕事の両面において優秀な人物であることを私はすぐに理解しました。結果としてプロジェクトは大成功を収め、私は部署のメンバーに営業部の一員として認めてもらうことができました。何もかも貴君のおかげです。このことを忘れたことは一度もありません。その後は、仕事、プライベートの両面で、常に信頼できる部下であり、仲間でいてくれました。

貴君は家族思いで、また学生時代には駅伝大会にも出場した長距離ランナーでもありました。心身ともに健康そのものでした。貴君に接する誰もが、「さわやかさ」「気持ちよさ」を感じていたと思います。職場でも元気な顔しか見たことがないので、亡くなったことが本当に信じられません。

結び

斉藤くん、まだやりたかったことがたくさんあったでしょう。さぞ無念だったろうと思います。私としてもとても残念です。けれど、あなたの人生は素晴らしかったと思いたい。記憶に残る名営業マンでした。

斉藤君、どうかゆっくり休んでください。

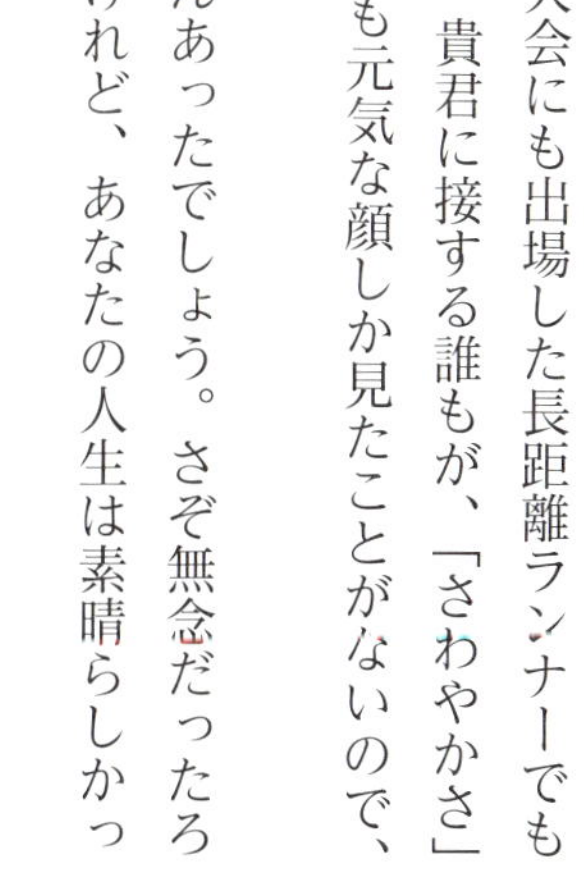

故人の人柄を伝える

❷仕事において、特に印象深い出来事を紹介して故人の人柄を伝えるのもよいでしょう。

職場の事故死を悼んで（二十代）

二十代　女性
職場の同僚

始めの言葉

木村千佳さんのご霊前に、同僚を代表いたしまして、お別れのご挨拶をさせていただきます。木村さんが勤めておられた㈱ユニゾン営業部の増川舞子と申します。

驚き、悲しみ

❶このたび、木村さんの突然の訃報に接し、私たち同僚一同、ただただ驚きばかりで言葉を失いました。今、あなたの愛くるしい笑顔でほほえんでいる遺影を前にして、じわじわと悲しみと口惜しさが襲ってまいります。ましてやご両親の驚きと悲しみ、喪失感はいかばかりかと、衷心よりお察し申し上げます。

千佳さんが久々の休暇を取って、「バリ島へダイビングに行ってきます」と元気よく会社を後にしたのはほんの五日前のことでした。十代のころからダイビングが趣味だったという千佳さんは、少し長い休暇が取れると国内外の名所へダイビングに行くのが恒例になっていました。ダイビングにはまったく縁のない私が「危なくないの？」と質問をすると「安全策は何重にも講じてあるから、大丈夫よ」と笑って話してくれたものです。新聞などの発表によりますと、思いがけない大きな潮の流れに巻き込まれたとのことで、ベテランのインストラクターがついていたのに危険が避けられなかったのは不運としか思えませんが、本当に悔しくてなりません。

千佳さんが私どものステイショナリー営業部に配属されてきたのは六年前。課の

現在の心境を素直に話す

❶自分の今の気持ちを素直に話すとよいでしょう。

いちばん下だった私は、やっと同じ世代の同性の仲間ができると楽しみにしておりました。しかし配属されてきた千佳さんは、非常に優秀な人材で、みるみる私は置いていかれてしまいました。ずっと営業事務職に甘んじてきた私とは異なり、販売企画の仕事もやらせてほしいと申し出るなど、それまで女性がやらせてもらえなかったような仕事にまで挑戦し、積極的かつ意欲的に仕事をこなす女性でした。そんな千佳さんは私たちとも何の隔てもなく付き合って下さいました。帰りの時刻が一緒になるときには、一緒にスイーツを食べに行ったり、ワインを傾けたり。そんなときには、下手なジョークを飛ばす癖があり、私たちは「寒ーい、おやじギャグー！」と冷やかしたりしていました。千佳さん、そんなあなたが私は大好きでした。

今、私たちは茫然としております。けれども落ち込んでばかりはいられません。木村さんの姿勢を見習い、木村さんの夢でもあった「機能的で、かつ買って下さった人を楽しく、わくわくするステイショナリー」の営業販売をめざし、頑張ってまいります。今まで温かいお付き合いをほんとうにありがとうございました。

本当に諦めきれませんが、もうお別れです。さようなら。どうか、心安らかにお眠りになってください。

故人の実績を紹介する

❷故人が職場で成し遂げた実績を挙げ、故人の人となりを紹介します。

職場の同僚の自死を悼んで（二十代）

二十代　男性
職場の同僚

始めの言葉

今ここに、七年間同じ職場で机を並べてきた同僚として、笠原祐樹君の御霊にお別れの言葉を捧げます。

驚き、悲しみ

　笠原君、君はどうして忽然とこの世から消えて行ってしまったのでしょうか。

　三カ月ほど前、君は「ちょっと体調が悪いから、少し休暇をもらうことにした」と、私たちの前から去っていきました。君が体調を壊していたことは知っていましたから、「おう。ちゃんと養生しろよ。元気になって、早く戻ってこいよ」と私たちは気軽に応じ、その後もずっと「調子はどうだい？」などとメールでやり取りをしていました。返事は「もうすぐ復帰するよ」という明るい調子のものだったので、それほど心配はしていなかったのが正直なところです。それなのにこんな急な訃報が届くなんて、本当に信じられません。岩登りや川遊びが好きで、❶頑健な体を持っていた君が自ら死を選ぶなんて、今でも僕は納得できません。けれども君は僕らがまったく知らないところで、大きな苦しみを抱えていたのですね。頑健な体の中に繊細な心を抱えていたのですね。体調よりもむしろ、精神が不調だったのだということに僕らは気づいてあげられず、本当に申し訳なかったと思っています。

　僕たちのコンピューターのメンテナンスという仕事は、非常に神経を使う仕事で

故人を責めない

❶自死した故人を責めるような表現は避けるようにします。

エピソード

す。完璧にできて当たり前、少しミスがあればすぐにお得意様から様々な苦情が持ち込まれます。おそらくそれは何の仕事でも同じなのでしょうけれど、今やコンピューターの不調はすぐにも業務に支障をきたします。ですから、お得意様の焦りは一通りではなく、一刻を争っても直さなければならないケースがほとんどです。特に笠原君は有能であるがゆえに完璧主義なところがあり、僕らのように「できないことは無理だろう」という考えができない人でした。だから、ほんのちょっとでもお客様に迷惑をかけることはいたたまれなかったのでしょう。

それでも、他に方法はあっただろう。死を選ぶことはなかっただろうにと、正直恨めしい思いです。僕らは、君の悩みの相談相手にもしてもらえないほど、そんなに頼りなかったかと、忸怩たる思いでいっぱいです。もちろん、こうした思いは、ご友人の皆様やご家族にはいっそう強いものと思います。しかし、僕らは笠原君の決断を許しましょう。頭のよい、洞察力のある彼が選んだ道です。彼にはこの選択しかなかったのです。

遺族へのメッセージ

ご家族の皆様も、この悲しみと無念さから少しずつ立ち直って、日常を取り戻してください。そうすることが、笠原君の魂を安らかにすることだと僕は信じています。

職場の同僚の病死を悼んで（三十代）

三十代　男性
職場の同僚

始めの言葉

山科秀雄君、君の葬儀に当たり、同僚を代表して弔辞を捧げます。

驚き、悲しみ

山科君、一週間前、君とは一緒に酒を飲んでいたよな。そのときの君は、目の前のこの遺影とおなじく、本当に楽しそうな表情をしていました。それなのに今日ここで君に弔辞を捧げるなんて、誰が想像したでしょうか。

❶この悲しみ、無念さは筆舌に尽くしがたいもので、今はただただ運命が恨めしい思いです。一週間前のあのときだって、君は「これからが本当の働き盛り。これからは僕らが世の中を背負っていくんです」と張り切っていたのに。あまりの突然の訃報に、僕ら同僚一同、にわかには信じられません。

エピソード

君は、充実した仕事をし、よい家庭を持って社会のためになるには、健康が基本だと常に言って、三十代の男にしてはけっこう健康おたくだったよね。中でもジョギングは長年の習慣とのことで、腹の出っ張った同僚をしり目にスリムな体形を維持していて僕らをうらやましがらせたものです。お酒の席でも、実際にはかなり酒に強かったのに、一定以上飲むとノンアルコールや水に切り替え、「しらけるなあ」という僕らに「僕は酒を飲むことより、みんなと話すことが楽しいし、ストレス解消になるんですから。みんなも水にしたらどうですか」と笑っていたよな。

読み手の無念さを伝える

❶読み手自身がどれだけ無念であるかを語るのもよいでしょう。

エピソード

そんな君がなぜ、不摂生な僕らよりも早く、心筋梗塞で亡くなってしまうのだろうか。神も仏もないとはこのことだと思います。しかも、大好きなジョギングから帰ってきた直後に倒れたなんて、まことに運命の神というものがいるのなら、その悪意に腹が立ちます。

住宅の建築と販売が業務である僕らの会社で、僕たちは設計を担当していました。大学の建築工学部の頃から、設計者の名の残る公的な建造物や大きなビルなどよりも、普通の人が暮らす住宅を設計したいと考えていた君は、長年にわたって住宅設計を専門としてインテリアも含む総合デザインにその手腕を発揮してきました。君は特にキッチンや収納設備、洗濯機置き場などへのきめ細やかな設計を得意としていて、君が設計する住宅は、その家の女主である女性に好評でした。「住宅建設は建物を作るのではない、暮らしを設計するんだ」というのが君の持論でしたね。

それなのに君自身は、女性と家庭を持って「新しい生活」を始める前にあの世に行ってしまいました。実は君には愛する女性がいて、プロポーズしようかどうか迷っていたことを、僕は知っています。それが実現しなかったことは、本当に残念です。たとえ短い間でも、君には君自身が設計した家で、ぜひ家庭生活を味わってほしかったと思います。

冥福を祈る

❷僕らは君のことを忘れません。設計の線を引くたびに君の持論を思い出し、住む人を幸せにする住宅をつくるという君の遺志を受け継いでいきます。ですからどうぞ、無念だろうけど僕らとともに突然の死を受け入れて、安らかに眠ってください。

故人の遺志を受け継ぐ

❷故人の生前の思いを語り、遺志を受け継ぐことを伝えます。

職場の同僚への弔辞

職場の同僚の病死を悼んで（三十代）

三十代　男性
職場の同僚

始めの言葉

中村和雄君、君の霊前に無限の悲しみを込めて、お別れの言葉を述べたいと存じます。

驚き、悲しみ

中村君、こんなに早く旅立ってしまうなんて……。一年ほど前、中村君は最初の入院をしたね。退院して❶職場に復帰したとき、君は「たいした病気じゃなかった。もう大丈夫だ」と明るく話していた。だから僕たちも、あまり深くは考えていなかったんだ。それが、まさかこんな形になろうとは思ってもみなかった。

エピソード

❷君との出会いは、十三年前の入社試験のときだったね。グループ面接が一緒で、ユニークな答をすると思ったのが第一印象だった。マニュアルにはない自分なりの答を目指していた僕にはとても魅力的だった。

運よく二人とも採用されて、入社式で会ったときは旧友に会ったような気がしたものだった。❶同期入社で、社内ではライバル関係とうわさされていたが、仕事のことで論争してもあとくされがなく、気が合う仲間だと思っていた。君もそう思っていたからこそ、個人的なことも含めていろいろと話してくれたのだと思う。

❷係長に昇格したのは、君のほうが一年早かった。だからといって自慢することもなく、僕をなぐさめるでもなく、自然にふるまってくれた。発令のあった一瞬は「負

❶ **故人との関係を伝える**

「職場」「同期入社」などの言葉を用いて、同期入社の同僚であることを伝えます。

❷ **エピソード・思い出を語る**

初めて会ったときのことや職場の同期ならではのエピソードを語り、関係をさらに詳しく伝えるとともに、故人の人柄を偲びます。

故人へのメッセージ

冥福を祈る　支援の申し出

けた」と思ったけれど、君の態度を見ていたら、勝ち負けではない友情を持ってい
てくれたことがわかってうれしかった。
だからこそ、一生の友達、そしてお互いに励まし合っていける仲間だと思ってい
た。年齢的にも、いよいよこれから仕事の中核を担っていくというときに。本当に
残念でならない。残念に思っているのは僕だけではない。部長も課長も、課員もと
ても落ち込んでいるよ。今日もみんなで話したけれど、君の仕事は、君のやりたか
ったことを汲み取ってみんなで担当することになった。
❸実は、中村君は不治の病だったことを知っていたと奥様から聞いた。自分のこと
は覚悟していても、遺された子供さんのことは心配でたまらなかったと思う。しか
し、君の血を引く子供さんだ、間違いなく立派な人間になる。僕も応援するよ。そ
して、大きくなったら、君のことを僕の口から伝えたいと思う。
ご家族からご相談があれば、微力ながら協力させてもらうよ。
無念や心配は多いと思うけれど、安らかに眠ってくれ。
中村君、心からご冥福をお祈りいたします。

遺族への支援を申し出る

❸遺族への励ましの言葉を述べてから、支援を申し出るとよいでしょう。

●焼香の仕方●

焼香とは

焼香とは、仏式の通夜や葬儀、法要で故人の冥福を祈るために行う儀式です。心をこめて、ていねいに行いましょう。

焼香台に進むまで

焼香の順番が回ってきたら、まず次の人に軽く「お先に」の会釈をして進み出します。祭壇の手前で僧侶に一礼、遺族に一礼、そして遺影に向かって一礼して焼香台の前に進み（座礼の場合は、僧侶、遺族、遺影に一礼してから座布団の上に座り直し）、合掌してから焼香をします。

焼香から席に戻るまで

焼香は抹香の場合、右手の親指、人さし指、中指で抹香をつまみ、それを目の高さまで捧げてから、静かに香炉へ落とします。宗派によって二回、一回と決まりがありますが、参列者の多い通夜や葬儀の席では一回でかまいません。

焼香の後には再び合掌し、前向きのまま二、三歩下がって（座礼の場合は座布団を下りて）、僧侶、遺族に一礼し、向きをかえて席に戻ります。

職場の同僚への弔辞

職場の同僚の病死を悼んで（四十代）

四十代　男性
職場の同僚

始めの言葉

謹んで、中谷恵介さんのご霊前に申し上げます。

驚き、悲しみ

❶中谷さん、今からあなたに別れの言葉を捧げないといけないなんて……。中谷さんとは、ともにプロジェクトの成功に邁進していただけに、今日からは隣のデスクにいなくなるのは信じられない気持ちでいっぱいです。

エピソード

「夫の体調がよくない。検査入院のため少し会社を休ませてもらいます」と奥様から連絡をもらったとき、正直、大丈夫かなくらいにしか思っていませんでした。しかし、その次の連絡では「余命三カ月」と医師から言われたと聞いて、チーム一同愕然としたものでした。

がんという病気は、若ければ若いほど進行が早いとは聞いておりました。しかし、三カ月前までは、ともに議論をかわしていたではありませんか。もう今後は、思い出の中でしか中谷さんとは会えないかと思うと残念です。もっと、中谷さんと議論がしたかった。

中谷さんの述べる理論には筋道がハッキリしていて、私は同期入社として誇りにも思っていたし、負けられないという気持ちでいっぱいでした。中谷さんが斬新なアイディアを出されるから、自分も頑張ろうという気持ちでした。今回のプロジェ

無念さを伝える

❶突然の悲報を聞いたときの無念さを伝えます。

冥福を祈る

故人へのメッセージ

クトにおいても、中谷さんはしっかり舵をとってくれていた。私も遅れはとるまいと必死でついていっていました。

周りの人間は私たちの関係をライバル同士だと見ていたようです。しかし私は、ライバルという気持ちにはなれませんでした。それは、中谷さんがまわりの人のことも考えていたからに違いありません。それも、常に人のことを考えているというのではなく、自然に、意識しない行為だったからこそ、みんなも仲間という意識になれたのだと思います。

あっという間に、中谷さんは逝ってしまいました。とても寂しいです。❷しかし、残されたご家族の気持ちを思うと、そのようなことは言っていられません。私たち同僚はできる限りご家族のために努めるとお誓い申し上げます。

どうぞご家族のことは心配することなく、安らかに眠られんことをお祈り申し上げます。

さようなら、中谷さん。心よりご冥福をお祈りいたします。

遺族をいたわる

❷遺族へのいたわりの言葉を添えるようにしましょう。

●回し焼香●

「回し焼香」とは、場所が狭い場合や十分な時間がとれない場合など、一人ひとり焼香をすることが難しいときに行われる焼香です。

回し焼香の作法

(1)前の人から回ってきた香炉を受け取ります。

(2)香炉を正面において合掌します。

(3)焼香します(右手で香をつまみ、香炉にくべます)。

(4)祭壇に向かって合掌します。

(5)遺影に一礼し、香炉を次の人に両手で渡します。

職場の同僚の事故死を悼んで（五十代）

五十代　男性
職場の同僚

始めの言葉

佐藤啓吾さんのご霊前に謹んで弔辞を述べさせていただきます。

驚き、悲しみ

佐藤さん、君とは、その日の朝、部長職会議で顔を合わせたばかりだっただけに、悲報を聞いたときにすぐには意味がわからないほどでした。常に健康を気遣い、体を大事にしていた君が事故で逝ってしまうなんて……。

❶明るくて、つねに笑いが絶えない君に事故死は似合わないよ。今日、君にお別れの言葉を言わなければならないなんて、今でも信じられません。

エピソード

君とは同期入社であったが、優れた先見の明とその努力でまたたくまに中心的人物として、会社の内外から大きな期待をかけられ、その期待に十分に応えていました。入社三年目には、早くもプロジェクトのリーダーをまかされ、しっかりと成功を収めていましたね。

当然、出世も我々の中で一番早かった。私たち同期のものは、君の後を追うようにして努力を重ねてきました。社内では、私たち昭和六十年入社組には高い評価が与えられてきたけれど、それはまさに佐藤さんがリードしてくれていたからに違いありません。

仕事でも、やり残したことは多いでしょう。先日、君は僕に「若い連中が育って

死因には深く触れない

❶遺族の悲しみをあおりかねないので具体的な事故の状況などには触れないようにします。

きた。将来がとても楽しみだ。でも、我々だってまだまだやれるってとこを見せていかなきゃな」と嬉しそうに語っていました。君を慕っている部下は多くいる。彼らの行く末を見届けたかっただろうに……。

私たちは、今、偉大なまとめ役を失って途方に暮れています。しかし、いつまでも悲しみに暮れているわけにもいきません。

❷佐藤さんが、安心して旅立たれるよう同期、部の人間が一丸となり君に恥じぬよう仕事を進めていきたいと思います。

私たちの悲しみばかりを申しましたが、ご家族の胸中は、まさに悲嘆と断腸のきわみかと存じます。ご家族のためにも、私たちは立ち直って、できうる限りのことをしたいと思います。ご家族から何かご相談されれば協力は惜しまないつもりです。佐藤さんが安らかに眠りにつかれるように努力します。

❷私たちは、佐藤さんの偉業をさらに進展させること、ご家族のよき相談相手になることをお誓いし、弔辞に代えさせていただきます。

支援の申し出

冥福を祈る

故人の遺志を受け継ぐ

❷故人の遺志を受け継ぐ決意を表明するのもよいでしょう。

●弔電を打つ●

訃報を受けて、やむをえない事情や遠方などのためにすぐに弔問に行くことができない場合には、弔電を打つという方法があります。

ただし、弔電は緊急の措置。弔電を打った場合も、故人や遺族との親しさの度合いに応じて、お悔やみの手紙を添えて香典を送るか、改めて弔問に訪れるようにしましょう。

申し込み方法

電話かインターネットで申し込むことができます(2014年8月現在)。

＊電話の場合
電話番号:115
受付時間:午前８時～午後10時
(午後７時までの受付分は即日配達。午後７時以降は翌日午前八時以降の配達)

＊インターネットの場合
下記HPより申し込みます。

ＮＴＴ東日本
http://www.ntt-east.co.jp/dmail/

ＮＴＴ西日本
http://www.ntt-west.co.jp/dmail/s/

宛先

喪主の自宅に喪主あてで送るか、葬儀が喪主の自宅以外で行われるときは会場に喪主あてで送ります。

職場の同僚への弔辞

職場の同僚の病死を悼んで（五十代）

五十代　男性
職場の同僚

驚き、悲しみ

飯村雅樹さん、あなたの弔辞を読むことになるとは……。あなたとは、まだまだ一緒に仕事をしていたかった。必ず回復してくれると信じていました。ただただ、悲しく、残念でなりません。

❶今日はいつものように「飯村君」と呼ばせてください。

エピソード

飯村君と私は同い年で、同期ではありませんでしたが、私が遅れてこの会社に入って以来、三十年のお付き合いでした。

最初にお会いしたときから、飯村君とはなんとなく波長が合って、仕事以外の時間をともにすることが多くなりました。昼食もよく連れ立って行ったものです。アフターファイブは、連日、飲み屋を何軒も渡り歩きましたっけね。

出会ったとき、飯村君は地域の草野球チームに入っていました。すぐに私も飯村君に誘われて、毎週土曜日の朝の練習に顔を出すようになりました。球技はあまり得意でなかったのですが、毎週練習を続けたおかげで、私も一緒に試合に出られるようになりました。飯村君はエースで4番、僕は9番ライトが定位置でした。野球をしている君はとてもかっこよかった。グラウンドで躍動する姿は今も脳裏に焼き付いています。楽しかった。

普段の呼び方で呼びかける

❶普段、職場で呼んでいた呼び方を使うと、より故人への思いが伝わるでしょう。

お互いに不惑になろうとする頃、私は広島支社への転勤を命じられ、五年ほど東京を離れることになったのですが、その間も年に数回、東京に出張するたびに、君は必ず都合をつけて会ってくれました。東京出張は、私はそれだけで楽しみだったんですよ。

私が東京に戻ってからは、君は企画編集部長、私は営業部長となり、幹部会議でもよく顔を合わせるようになりました。君は話をまとめるのが上手で、紛糾しそうな会議をよく丸く収めてくれました。君は、人とは少し違う考え方をしていたように思います。

君が企画した倫理の教科書は、「倫理とは何か」という問題を鋭くついて、これまでになかった視点を打ち出した教科書として、新聞等でも話題になりました。

会社は創業者が引退し、さまざまな意味での転換期を迎えつつありました。君は次期社長の最有力候補と目されていました。「教科書会社という枠を超えて、真に教育に役立つ出版社にしたい」と酒の席で野望を語ってくれたこともありました。

夢半ばにして……。本人が一番無念でしょうね。

ご子息の雅一君やお嬢さんの雅美さんも立派になられて、これからが楽しみだったに違いありません。残された奥さんと彼らのことは、私がしっかりサポートするから、どうか心配しないでください。

飯村君、ありがとう。また向こうでお会いしましょう。

結び

家族への支援を申し出る

故人の功績を語る

❷故人の功績は適度に強調して紹介しましょう。

職場の同僚への弔辞

職場の元同僚の病死を悼んで（五十代）

五十代　男性
職場の元同僚

始めの言葉

加賀英輔さんの元同僚という立場でお別れの言葉を述べます。

驚き、悲しみ

このたびは突然のことで、まだ気持ちが整理できずにいます。突然でなくても、整理できなかったかもしれません。お元気だとばかり思っていました。彼がいなくなってしまったことが残念で、悲しくて、惜しくてなりません。

エピソード

加賀さんとは、加賀さんが今の会社に移る前に勤めていたデザイン会社で、二十年ほど苦楽をともにした間柄です。

❶第一印象は、少し大人しい感じの方でした。が、いざ仕事をする段になると、とてつもなく情熱的になり、こちらの想像を超えた強い行動力を発揮するのです。その行動力は、猪突猛進と表現してもいいくらいです。「まっすぐ」という言葉がぴったりの人物でした。ただ、物腰は柔らかいのです。見た目は、写真でもおわかりの通り、上品な紳士です。感情的になって取り乱す、などということは一度としてありませんでした。猪突猛進でありながら冷静沈着といいましょうか、情熱を内に秘めるタイプだったと思います。

加賀さんは、デザイナーに必要な企画・発想力も十二分に持ち合わせていました。❷我々の仕事は、インダストリアル・デザインといいまして、工業製品をデザインす

故人の人柄を語る

❶職場での印象や様子から、故人の人柄を紹介します。

仕事内容を説明する

❷ややこみ入った仕事の話をする必要があるときは、専門でない人が聞いてもわかるように説明します。

結び

故人へのメッセージ

る、というものです。パソコンを使って、３Ｄ（三次元）でデザインしたものを実際の製品に落とし込んでいきますので、必然的に複数人で構成されるチームで仕事を進めていくことが多くなるのですが、彼は、人を動かすことができる、真のプロフェッショナルと呼べる方でした。真面目で誠実な性格も相まって、彼の周りには自然と人が集まっていたように思います。

❸特に印象に残っているのは、ある福祉機器メーカーの依頼を受けて、加賀さんと共同で介護用の電動ベッドをデザインすることになったときのことです。加賀さんは、高齢者施設に何度も足を運び、実際にベッドを使っている患者さん、リハビリの担当者、医師、看護師などから、「どんな電動ベッドがよいか」、聞き取り調査をして、生の声を集めていました。彼のやり方は徹底していました。「デザインは、生きるために絶対必要というものではないかもしれないが、よりよく生きるために役立つものでなければならない」というのが彼の信念であり、口癖でした。彼は手がけたすべての作品で、それを見事に実現していたと思います。私は彼の仕事に、刺激を受けっぱなしでした。彼の仕事に対する姿勢に、叱咤激励され続けてきました。

職場は分かれてしまいましたが、私はまだまだ彼の作品を見ていたかった。彼の作品はまだ進化し続けていましたから。また、私の作品も見てもらいたかった。厳しい批評を加えてほしかった。

私にできることは、加賀さんの精神を受け継いで仕事をしていくことだけです。どうか、天国から見ていてください。

故人の仕事ぶりを伝える

❸故人の仕事ぶりを具体的なエピソードとともに紹介します。

先輩・上司・社長への弔辞

学生時代の先輩の病死を悼んで（三十代）

三十代　女性
学生時代の後輩

始めの言葉

佐藤直子さんのご霊前に謹んでお別れの言葉を捧げます。私は直子先輩より三学年下で、学生時代から今の職場まで、長いあいだ佐藤さんにお付き合いいただいてまいりました山下知美と申します。

驚き、悲しみ

先週、佐藤さんが心臓の発作で倒れられたとお聞きしまして、テニス仲間や会社の同僚とも、経過について案じておりましたが、ついに悲しいお知らせを受ける羽目になってしまいました。今こうしてご遺影を前にしても、まったく信じられず、涙も出てまいりません。心臓がお悪いと伺ったこともありませんでしたし、テニスコートでも職場でも、人一倍元気だった直子先輩が、なぜこんなに早く逝ってしまわなければならないのか、本当に天を恨みたい気持ちでいっぱいです。

エピソード

❶私が直子先輩に初めてお会いしたのは、大学一年のときでした。実はテニスなど一度も経験したことがなかったのですが、入学当時のサークルへの勧誘で、テニス同好会へ誘っておられた直子先輩の笑顔に惹かれて、ついつい入ってしまったのです。私はそれまで、直子先輩のような素敵な笑顔の先輩に会ったことがなく、こういう女性になりたいと心から思ったのでした。それからは普段の練習に、軽井沢での強化合宿に、親睦の沖縄への旅行にと、非常に楽しい一年を過ごさせていただき

故人との出会いを語る

❶故人と出会ったときの思い出を語るのもよいでしょう。

ました。

二年後、就職活動の時期になると、直子先輩を訪問して「小さい会社だけど、家族的でとてもいい雰囲気よ。知美ちゃんに向いていると思う」とアドバイスをいただき、結局同じ会社に入ることとなりました。職場では部署は異なったものの、ときどき用事で直子先輩の課を訪れると、いつも忙しそうに立ち働き、テニスコートでのように明るく「はい！」と返事をして、テキパキと仕事をしていらっしゃいました。直子先輩のいらっしゃる課を訪れた後は私もエネルギーをいただいて、頑張らなくっちゃという気持ちで働けたものです。

❷直子先輩は、多くの後輩から慕われていましたね。男性・女性を問わずに、ていねいに、そして根気よく面倒を見られて、新入社員からは教育担当責任者よりも直子先輩のほうが頼りにされていました。先輩のおかげで、入社直後の大変な時期をストレス少なく過ごせて、この職場に愛着を覚えたという同僚も大勢います。

先輩が突然にいなくなられた衝撃は非常に大きいですが、悲しんでばかりいても先輩が喜ぶとは思えません。先輩のおかげで一人前の社会人になったと思っている私たちは、この辛さに耐え、互いに励ましあい、いっそう仕事に励んでまいります。

直子先輩、どうぞ安らかにお眠りください。そして、ご家族の方とともに、できたら私たちのことも、空から見守ってくださるとうれしいです。

故人の人望を称える

❷故人が多くの人から慕われていたという内容の話をエピソードに盛り込むのもよいでしょう。

先輩・上司・社長への弔辞

職場の先輩の事故死を悼んで（三十代）

二十代　男性
職場の後輩

始めの言葉

大泉雄介さまの葬儀に当たりご霊前に惜別の辞を捧げます。私は、職場の後輩で大泉先輩には特に可愛がっていただきました、野中広夢と申します。

驚き、悲しみ

❶一週間前の晩、今年のお別れにと飲みに行った席では「今年も田舎へ帰っておふくろの顔を見てくるよ」と言われ、元気に青森にでかけて行ったのに、こんな形で東京に帰って来るなんて、あんまりじゃないですか。僕はこれから何十年も先輩と一緒で、いろいろなことを教えていただき、楽しく飲み、ときには喝を入れていただけるものとばかり考えておりましたのに非常に無念です。もちろん、いちばん無念なのは大泉先輩でしょうが……。

青森からの上京中のバスが横転事故を起こしたことはニュースで知りましたが、まさかそのバスに先輩が乗っておられたなんて。しかも、ほぼ満席の客だったのに死者は三名ということで、そのうちの一人が大泉先輩だったなんて、まったく想像もできませんでした。

大学時代はラグビーをやっておられ、今でもスポーツクラブで鍛えていて頑健な体がご自慢でしたから、サバイバル力は強いと思っておりましたので、数少ない死者のなかに入るとは本当に意外でした。ご家族の方に伺いましたが、どうやら近く

今の気持ちを率直に語る

❶故人の死に対して、やるせない気持ちや今は実感が持てないといった気持ちを抱いていることを率直に述べるのもよいでしょう。

エピソード　故人へのメッセージ　結び

にいた小学生をかばって、大泉先輩が小学生とバスのドアの間に入って盾になられたとのこと、いかにも先輩らしいと思います。おそらく、ラグビーでスクラムを組んで敵のフォワードとぶつかるときのように、迫ってくるドアと対峙したのでしょう。それでも僕は悔しいです。重症を負って包帯だらけになっても帰還するほうが、ずっと先輩らしいじゃないですか。

先輩に教えられたことは数多くあります。気が短く、仕事をとにかく速く仕上げたがる僕に、「速いことは大事だ。だけどていねいなことも大事だ。それを両立させるのがプロだよ。君のやり方は速いけど雑だ」と、僕よりずっと豪快そうな先輩に言われたことが、特に印象に残っています。

一週間前の晩にお会いしたとき、先輩は「じつは結婚を意識している人がいるんだ」と言っていましたね。僕にはその人が誰だか、おおよそ想像はつきました。近い将来、先輩の結婚式に出て、そのあとは新婚家庭に遊びに行くことが想定ずみになっていたのに、それも果たせず、葬儀で弔辞を読む羽目になってしまったのは、まことに残念です。

先輩、お別れです。悔しいでしょうが、今はもう安らかにお眠りください。❷僕ら後輩も、落ち込んでばかりはいません。先輩の「つらいときほど笑顔を見せろ」という言葉を胸に刻み、精いっぱい頑張っていきます。天からご両親や弟さん、好きだった女性を見守られるでしょうが、ちょっとだけ僕らのことも見守っていてください。

故人に誓いの言葉を捧げる

❷故人が安心できるよう、誓いの言葉を捧げます。

職場の先輩の病死を悼んで（三十代）

二十代　男性
職場の後輩

始めの言葉

井上卓也さんのご霊前に、謹んでお別れの言葉を捧げます。

驚き、悲しみ

井上先輩、❶なぜこんなにも突然に愛するご家族から、そして私たちの前から去ってしまわれたのでしょうか。先輩のせっかちは私たち後輩のなかでも有名でしたが、あまりにもせっかちすぎます。

先月、病院にお見舞いにお伺いしたときは、顔色もよく快方に向かわれたものと安心しておりました。近いうちにきっとまた、お酒を酌み交わせると私は信じ、それを心待ちにしておりました。それなのに突然の悲しい知らせに、私たちは皆、愕然としております。残念です。

エピソード

井上先輩とは、私が就職活動を始めたときからのおつきあいですから、もう九年になります。面識もないのにただゼミの先輩というつてだけで、会社の様子や就活のポイントを伺いに行った私に対して、初めてお会いしたとは思えないほど親切に、会社の情報から面接のコツまで、ていねいに教えてくださいました。おかげで私は会社でも井上先輩の後輩となることができ、同じ営業で働くことになりました。

八歳年上の先輩は、ほんとうに面倒見がよく、あるときは広い心で包んで下さり、あるときは鬼のような顔で叱ってくださいました。❷また成績が上がらなかったり、

死因に触れない

❶急死や事故死の場合、家族がまだ動揺している可能性があります。悲しみをあおることにもなりかねないので、死因には深く触れないようにします。

印象深い思い出を語る

❷先輩、後輩の間柄だからこその印象深い思い出を語るのもよいでしょう。

結び
故人へのメッセージ

取引先相手に失敗したりして落ち込んでいる同僚がいると、退社時にさりげなく誘い、叱るでも説教するでもなく、おいしいものをごちそうして世間話をしたり、夜景を見につれて行ってくれたりして気分転換をしてくださいました。そうした先輩を、私はもちろん、営業の後輩たちの大半が現在自分があるのは井上先輩のおかげと慕っておりました。そのようなみんなの声を聞くたびに、私は自分のことのように誇らしく、後輩であることを喜びと感じておりました。

私生活でも私が結婚するときは自分のことのように喜んで下さり、披露宴では大学の応援歌を、あの大きな声で歌って励ましてくださいました。うちでは妻はもちろん、わたしの父母も、妻の母も、一家そろって井上先輩の大ファンでした。もう二度とあの大きな声が聞けないと思うと、悔しくてなりません。

おそらくご自分でも思いがけなく早く旅立たれた先輩の何よりの心残りは、私たちではなく、奥様とお二人の小さなお子様でしょう。先輩には「お前たちでは頼りない」と言われるでしょうが、ご家族に対してはできる限りの支援をさせていただくことを約束いたします。それが私たちの、精いっぱいのご恩返しです。

ですからどうぞ先輩、安らかにお眠りください。

先輩・上司・社長への弔辞

職場の先輩の病死を悼んで（四十代）

三十代　男性
職場の後輩

始めの言葉

高橋行雄さんのご霊前に謹んでお別れの言葉を捧げます。

驚き、悲しみ

高橋先輩、なぜ先輩が亡くならないといけないのでしょうか。まだまだ働き盛りのご年齢ではないですか。先日、先輩が入院されたという話を聞いたばかりでした。それなのに、急にこんな悲報を聞くことになるなんて……。本当に信じられない思いでいっぱいです。❶私だけではなく、高橋先輩を慕っている後輩みんなが悲しみに暮れています。

エピソード

高橋さん、あなたはよき先輩として、私たちに、仕事の上でも人としての生き方の上でも、多くのことを教えてくださいました。年は五歳も違いませんが、仕事上の、そして人生の兄として、見習うことが数多くありました。

❷ある日、私は、取引先と商談の上で不用意に相手を怒らせたことがありました。会社に戻ると高橋先輩はすぐに私の話を聞いてくれて、部長ともども謝罪に出向いてくれました。そして、落ち込んでいる私に対してご自分のさまざまな経験を話してくださいました。

それは、決して押し付けがましいことでもなければ、ご自分の失敗したことでも、

みんなの思いを伝える

❶職場代表として弔辞を読んでいるので、後輩みんなの思いを伝えるのもよいでしょう。

故人への感謝を伝える

❷生前、お世話になったエピソードを語り、感謝の意を伝えるのもよいでしょう。

成功したことでもありませんでした。一生懸命やること、誠意を尽くすことの大切さでした。言葉での表現は自己満足にしかならない、態度で表してこそ理解してもらえる。それも、相手のことばかり考えるのではなく、自分も納得できるものでなければいけないといった趣旨だったと覚えています。

その後、その取引先とそれまで以上に懇意にしていただいている様子を見て、高橋先輩はとても喜んでくれました。

故人へのメッセージ

今、私にも後輩が多くできました。高橋先輩に少しでも近づけるように、私は頑張っています。先輩を通して、私たちの課を部を、強力にできるのはひとりひとりの課員だということがよくわかりました。

高橋先輩から教えを受けた者として、先輩の心を受け継いで頑張っていきます。先輩の心を生き続けさせていきます。

どうぞ、天国から見守ってください。いつか先輩に褒めてもらえるような仕事をしていきます。

結び

それでは、安らかにお眠りください。

心よりご冥福をお祈りいたします。

職場の先輩の事故死を悼んで（四十代）

三十代　女性
職場の後輩

始めの言葉

謹んで中田和宏様のご霊前に、お別れの言葉を捧げます。

驚き、悲しみ

中田和宏先輩。突然のことに、私たち職場の後輩は、とまどっています。先輩は、毎日、出かける際、車の運転には注意するようにと必ず声をかけていました。ご自身も、私たち若い者から見ると慎重すぎると思うほど、運転には気をつけていらっしゃいました。

その先輩が、事故で急逝されたと聞いたときは茫然とするだけでした。今でも信じられない気持でいっぱいです。しかし、運転にあんなに慎重だった先輩が巻き込まれてしまったのだから避けようがなかったのでしょう。そう考えてあきらめるしかないのでしょうか……。

エピソード

中田先輩は、仕事の上でも車の運転と同様に慎重に物事を進める方でした。取引先の会社に関しては、様々なリサーチをされていました。ある後輩が「そこまでする必要があるんですか?」と先輩に質問したとき、❶先輩は「準備が大事なんだ。しっかりと準備をしているから、商談中に臨機応変に立ち振る舞うことができるんだよ」と教えてくださいました。

また、❶「仕事は一人だけでできるものではない。チームの全員でやって初めて成

受けた教えを紹介する

❶仕事中に受けた教えを紹介しながら、故人の人柄を伝えます。

冥福を祈る

故人へのメッセージ

果が上がる。五人が力を出しきれば六人分にも七人分にも十人分にも仕事の成果は上がる」というのが口ぐせでした。逆に、そこでのミスは、自分にだけではなくチーム全体に降りかかるからこそ、ひとりひとりの作業は慎重にやっていかなければいけないとも教えてくれました。

今、中田先輩を失って、私たちのチームはピンチです。責任感が強く、優しく、時には厳しく、頼りになる存在だった先輩。そんな先輩が他界されてしまったことは惜しんでも惜しみきれません。

しかし、だからこそみんなが全力を挙げようとしています。先輩の教えを守って、四人全員が慎重になりつつも全力を挙げれば五人分、六人分の仕事ができると信じています。それが、中田先輩が残してくれた教えだからです。

❷先輩の教えは、私たち全員、いえ、課全員、部全員、会社全員が引き継いでいきます。そして、少しでも先輩のような仕事ができるようになります。

どうか、安心してください。そして、私たちを見守ってください。

それでは、安らかにお眠りください。ご冥福をお祈りいたします。

決意表明を述べる

❷悲しみを伝えるだけで終わらず、決意表明を述べることで締まった弔辞となります。

●香典返しのお礼は不要●

最近では、通夜や葬儀当日に香典返しを渡す「即日返し」も多くなってきていますが、そうでない場合は、四十九日が過ぎたころ、忌明けのあいさつ状とともに香典返しの品が送られてきます。

この場合、受け取った側は、香典返しに対する礼状などは出さないのがマナーです。お礼を伝えることも不要です。

黙っているのが不自然に感じられる人は、「喪中見舞い」のようなハガキを出すか、電話をかけるかして、近況をうかがうとよいでしょう。

先輩・上司・社長への弔辞

職場の上司の病死を悼んで（五十代）

三十代　男性
職場の部下

始めの言葉

髙橋浩史様の御霊に、謹んでお別れを申しあげます。

髙橋浩史部長、あえて部長と呼ばせていただきます。今は、取締役となられたのだから髙橋取締役と呼ばせていただくべきなのでしょうが、私たちにとっては、陰となり日向となり私たち部下を見守ってくれた、部長の、あの姿が忘れられないからです。

エピソード

部長が、私たちの部に就任されたのが十年前でした。最初は若い部長だったことにとまどいましたが、❶私たち部下のひとりひとりへの思いやりの深さに驚きました。仕事においても、ただ厳しいだけではなく、私たちそれぞれにあった的確なアドバイスをしてくださいました。私が悩んでいるときには、真剣に相談にのっていただきました。部長は仕事だけではなく、人生においても恩師のような方でした。

また、さりげなく気遣いながら、そのやさしさは誠に奥深いものでした。だからこそ、部長は何組もの仲人を務められたのだと思います。❷私たち夫婦は、初めは昨今の流行のように仲人なしの結婚式を予定しました。しかし部長にお願いできるのならば仲人のいる結婚式もいいのではないかと考えなおして、部長ご夫妻に仲人をお願いしました。部長にならば、見守ってもらえると思ったからです。

関係性を具体的に述べる

❶公私にわたって世話になっていた場合は、そのことを伝え、感謝の意を述べるようにします。

故人の人望を語る

❷故人が多くの人望を集め、愛されていたことを具体的に語るとよいでしょう。

驚き、悲しみ

それは私ばかりではありませんでした。同僚と会食した際、同じ考えだった者が何組もいたのです。部長がいたからこそ、仲人のいる結婚式ができたと、その奇遇に驚いたものでした。

部長に導いていただいたおかげで、ここまでやってこられました。それなのに、部長に何の恩返しもできないまま、お別れをしないといけないとは……。本当に痛恨の極みです。

故人へのメッセージ

私たちにとって、部長を失ったことは公私ともども残念でなりません。

しかしそれ以上に、残された奥様やご家族の悲しみは、推察するに胸の張り裂ける思いがいたします。これからはどうぞ、ご家族を見守っていってください。

このまま悲しみに暮れていても、かえって部長からお叱りを受けるだけでしょう。

私たちは、部長の代わりとは到底申せませんが、部長の御恩に報いるためにも全力で部長のお考えを堅持して、ますます社業の発展に尽くすつもりです。

冥福を祈る

高橋部長、安らかにお眠りください。

ご冥福をお祈りいたします。

●代理で弔問する●

訃報を伝えられたものの、どうしても弔問に行けないときには代理人を立てることもあります。

代理人は通夜か告別式のどちらかに参列すれば、礼をつくしたことになるとされています。

代理で弔問する場合は、受付で誰の代理で来たのかを告げます。芳名帖や香典の表書きには、来られなかった本人の名前を書き、その下に小さく「代」と書くようにします。代理人の名前を書くと混乱を招きますので気をつけましょう。

遺族へは、本人が来られない事情(高齢のため、療養中、出張中など)を手短に話し、お悔やみの言葉を伝えます。

そのほかの儀式でのマナーは、一般の参列者と同様です。

先輩・上司・社長への弔辞

職場の上司の病死を悼んで（五十代）

四十代　男性
職場の部下

始めの言葉

敬愛する上司、五十嵐博美さんの御霊前に、謹んでお別れの言葉を捧げます。

五十嵐さんは、二年前の夏休みが終わった後、会社に姿を見せなくなり、そのまま入院されました。それからずっと、病院で闘病生活を送られていました。

何度かお見舞いにうかがったこともあります。容体は一進一退という感じで、顔色がよいときもあれば、ひどくやつれたように感じたこともありました。しかし、

❶今年の春ですが、車いすに乗ってではありましたが、前触れもなく、ヒョイっという感じで職場に来られたのです。そのときは、さらに痩せたかも、とは感じましたが、声に張りもあり、復帰に向けて仕事のことなどを少し話していかれたので、私たちは、「快方に向かっている」、「もうすぐ戻ってこられる」と明るい希望を抱きました。

驚き、悲しみ

そんな矢先に聞いた訃報でした。ショックが大きく、まだ現実のものとして、受けとめることができていません……。

少し思い出を話します。

五十嵐さんは、若かった頃、学生運動に情熱を注いでいたとかで、会議などで議論の相手を鋭く糾弾・追及するときなど、元活動家の片鱗をのぞかせることがあり

生前の様子を伝える

❶生前の様子を具体的に述べて故人を偲んでもよいでしょう。

ましたが、普段はいたって温厚な方で、仕事もほとんど部下の自主性を尊重して任せてくれ、かつ、「何かあったときは責任は俺がとる」と言ってくれる、誠に「やりやすい」上司でした。

私も入りたての頃は、まだ「青かった」ので、会社の方針をめぐって、五十嵐さんと激しくやり合ったこともありましたが――もちろん、私の若気の至りです――、ここ数年は、五十嵐さんの考えがよく分かるようになってきていました。

❷思えば、五十嵐さんの言動には、いつも一つの筋が通っていたように思います。それは、戦後民主主義の価値観を体現しているといいますか……。そうです。五十嵐さんは、きわめてリベラルな人でした。もっとお若かった頃に表だって見せていた、反権力的なところなどは、会社に入りたての自分には、「とてもかっこいい」ものに見えていました。権威主義や保身、「長いものに巻かれろ」といった考え方とは対極にいる方でした。

五十嵐さんのことは、地方の新聞社に勤めるジャーナリストとして、とても尊敬していました。この先、編集局長として辣腕をふるわれることを、部下の誰もが期待していました。まだまだ教えていただきたいことがたくさんありました。

インターネットが活用される時代、紙の新聞の価値というものが取りざたされていますが、「新聞に『心』がある限り、それは人々を動かす」。五十嵐さんが常々言われていたこの言葉を胸に、残された者は、それぞれの仕事に取り組んでいきます。

五十嵐さん、ありがとうございました。そして、お疲れ様でした。

故人から学んだことを語る

❷故人から教わったこと、影響を受けたことなどを具体的に語りましょう。

先輩・上司・社長への弔辞

社長の事故死を悼んで（五十代）

四十代　男性
社員

始めの言葉

平野邦雄社長のご逝去を悼み、謹んで弔辞を読ませていただきます。

驚き、悲しみ

突然のことで、まだ頭も心も、本当に混乱しております。とても信じられません。しかし、このように皆さんが集まっていらっしゃるところを見ると、そうなのかもしれない、と思うのがやっとです。社員を代表して、「お別れの言葉」を述べさせていただきますが、まとまっていないと思います。どうかお許しください。

「なぜ?」という言葉が、知らせを聞いてから今まで、ずっと頭から去りません。飛行機事故……。抵抗できないとてつもなく大きな力が、一瞬にして社長の命を奪い去っていきました。社長がどんな思いで人生の最後の瞬間を迎えたのかと思うと、ただただ悔しく、事故を引き起こした航空会社に対して強い憤りを覚えます。

❶従業員一同、深い悲しみに包まれております。私たちは、社長への感謝の気持ちを伝えて、社長が安らかに眠っていただけるよう、ご冥福をお祈りすることしかできません。せめて、安らかに送り出して差し上げる……。それが、今日の私たちの責務なのだろう、と苦しみの中で、ようやく力をふりしぼっています。社長ご自身が誰からも愛されるキャラクターの持ち主でもいらっしゃいました。

社長は、毎日、誰よりも早く出社され、誰よりも遅く、会社に残っていらっしゃ

一同の哀悼の意を伝える

❶職員や社員を代表して弔辞を読む場合は、一同の哀悼の意を伝えるようにします。

冥福を祈る

エピソード

いました。毎朝、箒と塵取りを持って、本社の周りを清掃されていました。近隣の住民の皆さんとも気さくに言葉を交わされ、休日には地域のイベントも積極的に手伝っていらっしゃいました。❷「地域で愛される会社にしないといけない」と、朝礼などでよくおっしゃっていました。

仕事に関しては、何事においてもベストを追求するという厳しい面もありましたが、それは経営者として、ごく当然のことでしょう。しかし、社長ご自身が、掃除にしても挨拶にしても、率先垂範で、いつも自ら手本を見せてくださっていたので、皆も心から納得して、社長についていっていたと思います。わが社は、団結力・結束力は日本一だと思っております。

❷私たち社員がよく言われた言葉に「仕事を大変だと思っているうちは（社会人として）半人前だ」があります。私たち凡人は、なかなかその域には達することはできませんが、何となくですが、今はその言葉に込められていた意味が分かるような気がしています。つまり、「仕事を楽しんでやりなさい」ということだったのではないでしょうか。社長はいつも忙しくされていましたけど、いつも仕事を楽しんでいるように見えました。どんなに忙しくても仕事が楽しくて仕方がない、といった風でした。まさに「仕事の達人」と呼べる方でした。

ときに厳しく、たいていのときはやさしく、私たちを導いてくださった平野社長。ご恩に報いるべく、社業をしっかり引き継いでまいります。見守っていてください。

どうか安らかにお眠りください。

印象的な言葉を紹介する

❷故人の生前の言葉を紹介することで、温かみが増します。

先輩・上司・社長への弔辞

社長の病死を悼んで（六十代）

五十代　男性
社員

始めの言葉

故・山村惣一社長のご霊前に、社員一同を代表いたしまして、ここに謹んで惜別の辞を捧げます。山村社長は五月三十日、午後四時五十二分、心筋梗塞により六十八歳の生涯を閉じられました。社員一同、ここに深く哀悼の意を表するとともに、ご遺族の皆様には衷心よりお悔やみ申し上げます。

驚き、悲しみ

つい最近まで頑健を売り物にされ、いつも元気いっぱいに私たちに接してくださった山村社長が、こんなに突然に逝かれてしまうとはだれも想像していませんでした。社員一同はまだ信じられず、半ば呆然としております。

エピソード

❶山村社長は今から四十年前、亡くなられた初代社長の後を継ぎ、二十八歳の若さでアサヒ建設の二代目社長になられました。高度成長期という時代も幸いしたとはいえ、山村社長は大学時代のラグビー部で培ったバイタリティと豊かな企画力を発揮され、建設業の枠を超えた新しい試みを数々実行され、社業を大きく拡大されてきました。

また、それだけでなく、発注をして下さるお客様をはじめ、社員一人ひとり、また業務を引き受けてくださる関連業者や職人の方々も含め、「アサヒ建設に関係する全ての人たちが幸福になることが目的だ」と常々おっしゃっていました。そして

故人の功績を伝える

❶故人の功績をしっかりと伝えるようにしましょう。

冥福を祈る

故人へのメッセージ

中小企業には珍しいといわれるほど、福祉や保険の充実に力を注いでこられました。そのたゆまぬ努力と理想を高くかかげて進む姿は、社員一同はじめ、ご列席の皆様がよく知るところでございます。

最近では、「これからは会社だけにとどまらず、業界全体の発展と福祉のために力を注がなければならない」とよく口にされていました。まだ十年、二十年と会社や業界のために役立とうと思っておられた矢先にこんなこととなり、一緒に歩んできた者としては本当に悔しい思いです。

いま突然に社長を失って、私たちは悲嘆に暮れております。しかし、私たちが作る家を、建築物を待って下さるお客様が大勢いらっしゃいます。嘆いてばかりはいられません。❷社員一同、心と力を合わせ、社長のご教訓と理想をもとに、社業のいっそうの拡大と関係者の幸福のために、邁進する覚悟でございます。どうぞ、私たちの頑張りをいつまでもお見守り下さいますようお願い申し上げます。

心からご冥福をお祈り申し上げ、弔辞とさせていただきます。

今後への決意を表明する

❷社員を代表して、社長への弔辞を読む場合には、故人の遺志や思いが社員に受け継がれていくことを述べるようにします。

●お清めの塩をもらったら●

お清めの塩

通夜や葬儀・告別式では、会葬礼状に塩が入った小さな袋が添えられていることがあります。これは「お清めの塩」といって、死によって穢れたからだを清めるために使います。

ただし、宗教や宗派によっては、死を穢れと考えないものもありますし、お清めの塩の使用は強制されるものではありません（使わないとしても、マナー違反とはなりません）。

お清めの塩の使い方

お清めの塩を使う場合は、自宅の敷居をまたぐ前に使うのが正式とされますが、最近は玄関で行うことも多いようです。

家の人に塩を軽くつまんでもらって、胸、背中、足元の三か所にかけてもらいます。一人暮らしの場合などで自分でかける場合は、同じようにするか、肩ごしにふりかければよいとされています。

先輩・上司・社長への弔辞

社長の病死を悼んで（七十代）

五十代　男性
社員

始めの言葉

天野栄三郎社長のご霊前に、社員を代表しまして、謹んでお別れの言葉を述べさせていただきます。

驚き、悲しみ

従業員一同、深い悲しみの中にいます。天野社長は、社員ひとりひとりにとって、父のようでもあり、兄のようでもあり、また、人生のよき先輩でもいらっしゃいました。尊敬する大きな存在を失って、皆、何かを考える余裕もなく、どうしたらよいか分からないというのが率直なところです。

社長は、オフィス内で倒れる直前まで、普段通り、仕事をしていらっしゃいました。廊下で社員の一人と立ち話をしていたところ、突然、胸のあたりを押さえてうずくまり、苦しそうにされました。意識はありましたが、顔面蒼白で、大量の冷や汗をかいていらっしゃいました。「これはただごとではない」と、すぐに救急車を呼びました。それがわずか五日前のことでした。私たちはご回復を願い、そして戻ってこられることを祈りました。願いは、届きませんでした……。

遺影でも、微笑みをたたえていらっしゃいますが、会社でも、いつも微笑んでいらっしゃいました。あのまんまの表情です。仕事では、もちろん厳しい面もありますが、私たちをよくダジャレやジョークで笑わせてくれましたし、基本的にはとて

故人の実績　エピソード　冥福を祈る

も優しい社長でした。

❶社長は私たち社員のことを何よりも考えてくださっていたと思います。環境面では、オフィスを早くから分煙にされました。また、「女性が働きやすい会社に」と、オフィス内に託児所も作ってくださいました。制度面でも、フレックス制や育児休暇や介護休暇、ノー残業デーなど、さまざまな制度や仕組みを、他社に先駆けて導入してくださいました。

❷社員の相談にもよく乗ってくださいました。こちらから相談をしたい場合だけでなく、何かに悩んでいるような社員がいると、それを察知され、飲みに誘ってくださるのです。その飲み会を、私たちは社長のお名前に引っ掛けて「天飲み」と呼んでいたのですが、「天飲み」では、仕事のことはもちろん、家庭のことも、何でも親身になって聞いてくださいました。そのときの社長は、まるでご自身の家族に向きあっているようでした。私たちは、その大きな愛に、何度、救われたか知れません。

私自身も、数回、「天飲み」に誘っていただきました。そこで社長から言われた言葉を、宝物のように大切にしています。どんな内容であったか、ここでは控えさせていただきますが、私を奮い立たせてくれる魂の言葉でした。

天野社長、これまで本当にお世話になり、ありがとうございました。社員一同、ご意志を受け継ぎ、社業の発展に邁進することをお誓い申し上げます。

故人の実績を紹介する

❶故人が残した実績を具体的に挙げることで、故人の人となりや考え方などを浮き彫りにすることができます。

故人への感謝の意を述べる

❷故人のおかげで今日の自分たちがあるというようなエピソードを紹介してもよいでしょう。

社葬・団体葬での弔辞

社長の病死を悼んで（五十代）

五十代　男性
専務取締役

始めの言葉　亡くなった理由　故人の功績

株式会社ＡＢＣ代表取締役、故・村松義孝殿の社葬に当たり、社員を代表いたしまして、謹んで社長の御霊に弔辞を捧げます。私は松村社長とともにＡＢＣの創業に、そして経営に携わってまいりました、専務取締役の橋本武と申します。

村松社長は、九月二十五日午後三時四十五分、肺がんに伴う呼吸困難で五十八年の生涯を閉じられました。まことに働き盛り、今後さらに会社の実績を伸ばし、業界の発展にも力を尽くされるものと、社員も関係者一同も期待しておりました矢先のことで、残念の言葉以外にありません。社員一同、深く哀悼の意を表しますとともに、ご遺族の皆様には衷心からお悔やみを申し上げます。

❶社長は、ＡＢＣと同業の小さな会社に入社され、その一年後には独立してＡＢＣを立ち上げられました。私は大学の工学部の同期生でその独立の際に誘われ、創業期の苦労も喜びもともに味わってまいりました。社長は工学部の出身ですから我が社の代表製品の開発にはもちろん大きなご貢献をされましたが、技術畑の人間には珍しく非常に営業能力のある方でした。私どもが「とにかく良い製品を作ることが第一だ」と考えていたのに対し、「いかに良い製品を作っても、それをほしいと思っている人に理解してもらうこと、そしてそうした人の手に届けることができなか

故人の経歴を語る

❶故人の経歴を紹介するとともに、功績を称えます。

ったら、製品はないものと同じだ」と顧客の開発や宣伝・広告、さらに今でいう情報提供に、大きな情熱を注がれてきました。また非常にチャレンジ精神が豊かで、経営が軌道に乗った後はどうしても守勢に回ろうとする私ども創業時の社員たちに、「同じことをやっていたら衰退していく。進むためには常に新しいことに挑戦しなければ。それが社員の生活を守ることだ」と。少々の失敗は恐れるなと、先頭に立って旗を振られました。そして我が社だけではなく、この業界全体が社会で尊敬され、ともに発展していかなければならないというお考えの持ち主で、忙しい中を縫って多くの会に顔をだし、経済面でも企画の面でも力を尽くしてこられました。

さらに、育たれたご家庭はあまり裕福でなく、お若いときから苦労されてきたというだけあって、苦学生や同郷の後輩たちへの思いやりはひときわ大きく、出身高校と大学はもちろん、出身の県全体や中学校、小学校へまで多額の寄付をされてきたと聞き及んでおります。仕事上の業績や業界への貢献はもちろんのことですが、そうした人格の面でも多くの方々から尊敬されていたことは、私ども社員一同の大きな誇りでもあります。

村松社長、本当にお疲れさまでございました。私どもは悲しみを乗り越え、こうした社長のご遺志を受け継ぎ、少しでも社長の背中に近づけますよう精進してまいります。このことをお誓いして、お別れの言葉といたします。

故人の人望の厚さを称える

❷具体的なエピソードを紹介し、故人の人望の厚さを称えます。

社葬・団体葬での弔辞

社長の病死を悼んで（七十代）

八十代　男性
会長

始めの言葉

本日はお忙しいところをご会葬いただきまして、ありがとうございます。私は、株式会社岩本商事会長の長岡稔と申します。当社代表取締役の山本昭正の社葬を執り行うに当たりまして、彼の霊前に惜別の辞を述べさせていただきます。

亡くなった理由

山本社長は五日前の四月一日、心筋梗塞のため倒れ、救急車で運ばれましたその日のうちに病院で亡くなりました。享年七十五歳でした。

エピソード

「花に背いて散る」という言葉がありますが、まさしくこれから満開を迎えようとする桜に背いて、その生涯を閉じたのであります。人生はまことに皮肉なもので、社長は桜が大好きでした。高校から大学と剣道に励んでいたためか武士にあこがれているという一面があり、散り際が潔い桜が大好きで、特に花びらが舞うころの花を愛しており、私もしばしば一緒に花見をしたものです。倒れる二日前、まだ散り際とはいえず五分咲き程度でしたが、山本社長は近所の方たち数人と花見をされ、ご機嫌に酒を酌み交わしていたそうです。❶大好きな酒を飲み、愛する桜を眺めたのちの死は、あまりに突然であったとはいえ、山本社長にふさわしいような気がいたします。

山本社長は、私が社長だった時代には専務として私を支えてくれ、二人三脚で経

故人の人柄を紹介する

❶故人の性格や人柄を紹介するときは、しんみりとしたエピソードでなくてもかまいません。しかし、明るくなりすぎるのはNGです。

営をしてまいりました。会社のトップに立つと自分を批判してくれたり、厳しい助言をしてくれたりする人が減ってまいります。しかし山本社長は、当時は専務でしたが、耳の痛いことをしばしば言ってくれました。特に感心したのは、私への批判や弱点の指摘を、人の言葉を借りたり誰かが言っていたなどと人のせいにしたりすることなく、すべて自分の言葉で、自分の責任で言ってくれたことです。そして私が彼を褒めたりすると、「社長、褒めるより批評を下さい」と人からの助言を求めていたものです。

山本社長は私の後に社長となりましたが、❷不景気の時代に遭遇して苦労されたことを私はよく知っております。しかし、その中でも時代のせいにすることなく、大胆な発想で顧客のニーズにこたえ、部下の意見も非常によく聞いて自由な風通しのよい社風を作り、福利厚生にも力を入れて社員の士気をも高め、会社を建て直しました。今では我が社も業界で自由な社風として知られていますが、これもひとえに山本社長の功労であります。

故人の遺志にこたえるためにも、社員一同、この素晴らしい社風と何よりもお得意様のご要望にこたえることが最優先という我が社の特色を、いっそう発展させていく覚悟であります。ご会葬の皆様には、今後も我が社へのご支援をお願いいたしますとともに、ご遺族に対しましてもご厚誼を賜りますよう、お願い申し上げます。

称賛するときは簡潔に

❷称賛する場合は、くどくならないようにしましょう。逆に聞き苦しいものになってしまいます。

社葬・団体葬での弔辞

学園理事長の病死を悼んで（八十代）

七十代　男性
学園副理事

始めの言葉　驚き・悲しみ　亡くなった理由　故人の功績

本日、当式場におきまして、私ども学校法人成徳学園の故山中重雄理事長のご葬儀が執行されるに当たりまして、学園職員を代表いたしまして謹んで哀悼の辞を捧げます。私は長年にわたって山中理事長と行動を共にし、幾多の教えを受けてまいりました、学園副理事の渡辺信一と申します。

いま理事長の訃報に接し、私ども職員一同は深い悲しみとともに、私どもをリードしてくださった偉大な指導者を失い、強い喪失感を感じております。

山中理事長は八月九日午後八時十二分に心不全によって永眠されました。享年八十二歳でした。ここに当学園を代表いたしまして、深く哀悼の意を表しますとともに、ご遺族の方々には衷心からお悔やみを申し上げます。

数年前に一度心筋梗塞で倒れられてからも、知らない人は心臓に持病を抱えておられるとは気づかないほど、精力的に学園運営に力を尽くしてこられました。山中理事長はもともと仏文学がご専門で、学者肌の方でした。しかし、推されて理事長になられてからは、学生の獲得、財政の健全化、地域との強い連帯などを目標に掲げ、こんな面があったのかと思うほど精力的に、現実的なプロジェクトを打ち立ててこられました。山中理事長が現職に就かれてから十五年余りですが、その間に特

に学生数を増やすためには何が必要かを真剣に検討されてきました。ご自身の広い人脈を生かして外部の方の考えを聞くとともに、学園内の男女老若の職員や学生にまでも積極的に意見を聞き、これからの時代に求められる学部、学科、教育内容について模索し、計画を立て実現してこられたのです。

❶大柄な体にちょっと強面の印象でしたが、大変柔らかな口調で話しかけられるため、誰もがつい引き込まれ、若い女子学生も「理事長、理事長」と気さくに話しかけていました。また、フランスへの留学経験があるためもあって大変に進取の気性に富んでおられ、コンピューターの導入を真っ先に決められたのも理事長でしたし、ネットによる教育システムを活用することにも非常に積極的でした。

その精力的な活躍が心臓病の再発に影響があったかと思うと、いちばん近くにいた私がもう少しブレーキをかけるべきだったと悔やまれてなりません。しかし私が「理事長、頑張りすぎです。休んでください」と申し上げると、「渡辺君、私は年式が古い車だからブレーキが利かないんだよ」と笑っておられました。ご自身のお体よりも職責を優先されたその生き方をご覧になって、さぞご家族はつらかっただろうとお察しいたします。

❷私ども職員一同は理事長の思想を受け継ぎ、よりいっそう時代が求める大学・高校として発展し、優れた人材を輩出できますよう、努力してまいることをお約束いたします。頼りない後輩たちではありましょうが、どうかいつまでも私どもを見守っていてください。衷心よりご冥福をお祈り申し上げます。

学校での様子を紹介する

❶亡くなったのが学校の関係者の場合、故人が生徒に慕われていた様子などを語りましょう。

故人の遺志を引き継ぐ

❷故人の遺志を引き継ぎ、職務に邁進することを誓います。

社葬・団体葬での弔辞

学園長の病死を悼んで（六十代）

四十代　女性
父母会会長

始めの言葉

私立大村学園学園長、故川俣利子先生の告別式に当たり、大村学園卒業生および父母会を代表いたしまして、謹んでご霊前に追悼の言葉を申し述べます。私は一卒業生であり、父母会の会長を任じております、成田真美と申します。

驚き・悲しみ

このたびの川俣学園長急逝の訃報に接しまして、一同耳を疑い、言葉を失うばかりでした。三カ月前の卒業式には、あんなにお元気で壇上に登られ、いつもの大変よく通る声で卒業生を祝福し、励ましの言葉をかけられていらっしゃいましたのに。

故人の功績

川俣先生は学園の教師になられて四十五年、学園長になられて十四年になられましたが、慈母のように大きな愛で生徒たちを包み、また、ときには父のような厳しい言葉で父母会会員を叱咤もして下さいました。あの川俣先生にもはや二度と教えを受けるすべはなく、誰の心をも癒す素晴らしい笑顔に二度と接することができないと思いますと、悲しみがいっそう募ってまいります。

エピソード

川俣先生氏はご自身がこの学園の卒業生の一人でもありまして、大村学園の伝統を心から大事にし、長い歴史を敬っておられました。開校して五十九年、当大村学園はおかげさまで今日でも教育業界で大変高い評価を得ております。しかし、川俣先生は同時に、「伝統は大事ですけど、守るだけでは学園としての成長はありません。

伝統の上に革新的なことを積み上げて、それを新たな伝統にしていかなければならないのです」とおっしゃって、安定評に胡坐をかくことを許されませんでした。

❶体育館などの施設を機能的なものにすることや、きめ細かな補修システムなど、川俣先生がリーダーとなっていくつかの改革を実現されたことは皆様よくご存じのとおりです。川村先生の改革には三つの特徴がありまして、第一に常に生徒の自主性を重んじたものであったこと、第二には教職員とのしっかりした信頼に基いていたこと、そして第三に同窓会や父母会とも強い連携を持っておこなってこられたということです。私どもはこの学園で川俣学園長のもとに学び、また父母会として微力ながら学園を支えてこられましたことに、心から喜び、学園に誇りを抱いております。❶一同を代表いたしまして、川俣先生に深く感謝いたします。

来年、大村学園は創立六十年の節目を迎えます。その記念行事として生徒を中心に、学園長、教職員、同窓会、父母会が協力していくつかのプロジェクトを考えてまいりました。その実現を川俣先生とともに見ることができないのは、ほんとうに悔やまれます。しかし先生のご教訓を受けた生徒たちと、ご遺志を受けついだ教職員に、同窓会の皆様や私ども父母会も協力いたしまして、必ずや記念行事を成功させる覚悟でおります。

川俣学園長、長年のご苦労、本当にありがとうございました。どうか今は安らかにお眠りください。そしてときどきは空の上から、私ども大村学園の様子をお見守り下さいますようお願いいたして、お別れの言葉といたします。

故人の実績を語る

❶故人が残した実績を紹介し、関係者一同を代表して感謝の意を伝えます。

社葬・団体葬での弔辞

病院院長の病死を悼んで（七十代）

六十代　男性
商工会代表

始めの言葉
亡くなった理由
驚き・悲しみ
故人の功績

井上総合病院院長、井上清次郎様のご霊前に、地元の商工会を代表して、追悼の言葉を捧げます。

井上院長は、五月十九日午前六時三十七分にご家族が見守られるなかで永眠されました。

井上院長、本日、お別れの言葉を述べなければいけないことは思いもかけないことでした。この悲しみをどう表わしたらよいのか、私にはわかりません。あなたの訃報にこの町の住民は悲しみに包まれています。私たちは、本当に大きな存在を失いました。

❶井上院長は、三十年前、医療に関しては過疎地帯ともいえる当地に内科医院を開院してくださいました。その後、我々、地域の住民の要望に沿って診療科を増設していただき、今では二十を越す診療科、五百を越す病床数と、地域でトップなのはもちろん、県でも一、二を争う規模の病院に育て上げられました。

この病院のおかげで私たちは医療に関する心配がなくなり、都会への人口流出も抑えられたのではないかと思っています。

また、井上院長は病院の規模ばかりでなく、医療技術はもちろん、患者様の立場

故人への感謝を述べる

❶故人の功績を紹介し、感謝の言葉を述べましょう。

エピソード

冥福を祈る

に立った診療を確立されてきました。

❷井上院長はいつも、「病気を治すのではなく、患者様を治す」とおっしゃっていました。先人の言葉だそうですが、患者を大切にされている言葉として、私たちは力強く思っておりました。

❶この地に、このように充実した医療施設ができ、私たちが安心して暮らせるようになり、結果的に町が発展できたのは、ひとえに井上院長のご努力の賜物です。ありがとうございました。

立派な後継者もしっかり作ってくださいました。後継のご長男様も、町づくりにご尽力いただいており、感謝いたしております。我々、商工会一同もご長男様を支えていくことを誓います。

井上院長には、ただ、「お疲れさまでした。安らかにお眠りください」とご冥福を祈るばかりです。最後に、ご遺族の方々に深くお悔やみを申し上げ、弔辞とさせていただきます。

印象的な言葉を引用する

❷印象的な故人の言葉を引用することで、聞いている人が故人の人物像を結びやすくなります。

●社葬でのマナー●

誰が参列するか

社葬の通知を受けたら、参列すべきか、参列するなら会社から誰が参列するかなどを決めなければなりません。

参列は、お互いの会社の規模や相互の関係によっても異なりますが、基本的には、故人と同等の役職者が参列するのが礼儀です。故人よりも下の役職の者が参列するのは失礼にあたるため、一般的には社長クラスが参列します。

参列時のマナー

基本的なマナーは個人葬のときと変わりません。正装か平服かなど、服装について心配なときは、葬儀委員会に問い合わせてもいいでしょう。

花輪や供物は、遅くとも葬儀の前日までに届くよう、早目に手配します。会社として送るのですから、慎重さが必要です。社名や代表者名など、間違いのないように気をつけましょう。

社葬・団体葬での弔辞

社員の仕事中の事故死を悼んで（二十代）

四十代　男性
会社の上司

始めの言葉　亡くなった理由　驚き・悲しみ　エピソード

ベスト印刷株式会社営業本部第二営業課、故・佐竹純二殿の社葬に当たり、社員を代表いたしまして、心より哀悼の意を述べさせていただきます。

佐竹純二さんは、去る三月二十五日午前十時三十五分、印刷物をお得意様へ届けるべく車を運転中に交通事故に巻き込まれて急逝されました。

佐竹君。こうして君の安らかな顔を見ていると、明日の朝も「おはようございます、部長！」と元気よく挨拶をしながら出社するのではないかと思ってしまう。まさか、こんなに早く君とのお別れがきてしまうとは……。

佐竹君は、平成二十年三月、早稲田大学商学部を卒業後、当社に入社、営業本部第二営業課に配属になり、勤勉に業務を遂行されておりました。

❶佐竹君は、親切で温かな対応が社内外から高く評価されておりました。人懐っこい性格が功を奏し、先日も飛び込みにも関わらず、新たな契約を取ってきていました。私に、嬉しそうに報告をしてくれた佐竹君の笑顔は今でも忘れません。

また、相手の立場に立って提案したり業務を進めたりすると、お得意様からも高い評価をいただいております。いかに、お客様のご要望に応えるか。君が夜遅くまで研究を重ねていたことを、私は知っています。彼は努力の人でもありました。

故人の業績を称える

❶故人の業績をエピソードに織り込み、称えてあげるようにします。

そんな人物だからこそ、お客様も佐竹君に魅了されていったのでしょう。多くの方々から人望を集めていた佐竹君は、将来、有望な若者でした。

昨年の人事異動の際も、他の部からの異動要請が多く、当部の責任者である私はそれを阻止するのに苦労したほどでした。

このような佐竹君を失ったことは、誠に残念でたまりません。佐竹君は私たちに、仕事の原点を思い出させてくれました。佐竹君の死を無駄にせぬように、私たちはお得意様本位の、そして、商品価値を高めるような仕事を心がけていくことを誓います。

二十代という若さで一生を終わらなければならなかったことは無念でしょう。やり残したものも数多くあるかと思います。❷もちろん、ご遺族の方々も同様の思いに違いありません。ご遺族の方々には、一日も早く傷心を癒されることを祈念してやみません。

佐竹君、今はどうか安らかにお眠りください。

佐竹君のご冥福をお祈りして、お別れの言葉とさせていただきます。

お悔やみの言葉

冥福を祈る

遺族を思いやる

❷遺族への配慮を忘れないようにしましょう。

●家族葬とは●

「自分が死んだら、親しい人だけで静かに送ってほしい」と考える人がいます。

また近年の葬儀スタイルでは、一番悲しんでいるはずの家族がゆっくりと故人とのお別れをすることが難しくなっている側面があります。

「家族葬」とは、そのような故人の遺志や遺族の意向を尊重し、家族や親族だけでしめやかに故人を送り出す葬儀のことをいいます。

「密葬」とは異なり、「家族葬」では、後日「本葬」や「お別れ会」を行いません。

家族葬のメリット・デメリット

家族葬は、家族が存分に故人とのお別れができるといったメリットがある反面、家族・親族以外の人たちが故人を見送ることができないといった問題点があります。

また、親戚の中に「葬儀くらいはちゃんと出してあげるべき」「世間体が悪い」などの考えを持つ人がいる場合、参加者全員の理解が得ることが難しくなります。

これらをよく考え、できるだけ多くの人の賛同を得て行うのが望ましいでしょう。

社葬・団体葬での弔辞

商工会議所会頭の病死を悼んで（六十代）

五十代　男性
会員

始めの言葉

立花商工会議所会頭、故・竹村健介様のご霊前に、謹んで追悼の辞を述べさせていただきます。

驚き・悲しみ

竹村会頭。今、穏やかに微笑んでいるあなたのご遺影を前にして、私は本当に悲しい気持ちでいっぱいです。一年ほど前から、体調がすぐれないとは伺っておりましたが、必ず元気になられるものだと信じておりました。六十代で逝ってしまわれるとは、早すぎます。誠に残念でなりません。

エピソード

❶私は、会員の一人として竹村会頭のおそばで、よき薫陶を受けてまいりました。公私にわたり、ときに優しく、ときに厳しく接していただきました。竹村会頭の一挙手一投足が、若い会員にとってはよきお手本であり、その信頼は大変厚いものでございました。

竹村会頭は、竹村建設株式会社の代表取締役として、卓越した経営手腕を発揮されると同時に、地域の経済の発展のために尽力されました。それは、地域の建築業界ばかりではなく他産業他業種にも広く目を向けられ、参考にすることが多々あったと会員は口をそろえて申しております。

❷竹村会頭の口ぐせは、「一つの企業、一つの業界を発展させるには、他の企業や

故人への感謝を伝える

❶故人から受けた教えに対し、感謝の意を表すようにします。

印象的な言葉を紹介する

❷故人の口ぐせなどを紹介するのもよいでしょう。

冥福を祈る

故人へのメッセージ

他の業界と足をそろえて発展していかなければ、真の発展はない。いまの経済は、地域ぐるみで発展していかなければいけない」でした。お考えもグローバルで、常に世界に目を向けていらっしゃいました。

四年前、竹村会頭は「〇×プロジェクト」を起案されていらっしゃいました。地域の経済を、より発展したものするというこのプロジェクトを、ぜひ実現させたいとおっしゃられていたのに志半ばで……。

これからも、会議所の発展と地域経済の振興に貢献いただけると思っていただけに、誠に痛恨無念のきわみです。

しかし、いつまでも悲嘆にくれているわけにもいきません。

今後は、竹村会頭の教えを念頭に、微力ながらもみんなで力を合わせて、〇×プロジェクトの実現を目指し、地域を発展させていくつもりです。

竹村会頭、どうか、見守っていてください。

心から哀悼の意を表しまして、弔辞とさせていただきます。

●生前葬とは●

「生前葬」とは、存命のうちに(つまり、死ぬ前に)自分自身の葬儀を行うことをいいます。

多くは、晩年を迎えたところで、友人・知人に自らの社会的活動の終わりを告げたり、また社会的関係に区切りをつけたりする目的で行われます。自分が生あるうちに、または自分が元気なうちに、縁のある人やお世話になった人を招待し、直接、関係者にお別れと感謝の気持ちを伝えるのです。

生前葬では本来は出席できないはずの自分の葬儀に喪主として参加し、自分の思い通りのやり方で式をとり行うことができます。

生前葬をもって葬儀とする場合もありますが、本人が亡くなった後に遺族により葬儀が行われることもよくあります。

社葬・団体葬での弔辞

同業他社の社長の病死を悼んで（六十代）

五十代　男性
同業者

始めの言葉
亡くなった理由・状況
驚き・悲しみ
エピソード

サカタ食品株式会社代表取締役社長、故・坂田謹一殿の社葬が執り行われるに当たり、業界を代表して謹んでご霊前に弔辞を捧げます。

昨年の冬に坂田社長はご自宅で倒れ、入院されました。しかし、間もなく退院され、その後は少しずつ仕事に復帰されていました。病気の経過も順調のご様子で、必ずやお元気に回復されると信じておりました。

このような突然の悲報に、私どもは何とも申し上げようがございません。

坂田社長のご逝去は、サカタ食品株式会社は言うまでもなく、業界にとって大きな損失であります。私は、同業のよしみで長きに渡って懇意にしていただきましたが、教わることばかりでした。❶私が、社長に就任したとき、「これからは業界のためにともに頑張ろう」といわれた言葉が忘れられません。

坂田社長は、今から十二年前、先代から会社を受け継ぎ、サカタ食品株式会社代表取締役社長になられました。以来、サカタ食品株式会社の業績を大きくのばしていかれました。取り引きをさせていただいておりました弊社も、社長のやり方を見習い、サカタ食品株式会社を目標に仕事をしてまいりました。

坂田社長は、自社の経営に全力をそそぐとともに、業界の発展のためにも惜しみ

印象的な思い出を語る

❶故人の印象的な言葉や故人との思い出を語ることで聞いている人も故人のことをイメージしやすくなります。

冥福を祈る

故人へのメッセージ

ない努力をされました。業界全体が発展しなければ、各会社の発展はないというのが持論でした。確かに、サカタ食品株式会社も弊社も、業界の進展に伴って大きく繁栄いたしました。

また、坂田社長が中心となり行われた勉強会や懇談会には、数多くの関係者が出席していました。坂田社長が残されてきた実績と、秀でた指導力を誰もが学びたいと考えていたのでしょう。

今、食品業界は輸入食品の拡大とともに厳しい現状になっています。だからこそ、グローバルなお考えを常にお持ちの坂田社長のご逝去は業界にとって大きな痛手なのです。坂田社長もまた、心残りのことが数多くあったと存じます。

❷今後は、坂田社長が遺してくれたお言葉を思いつつ、同業他社の仲間とともに業界の発展のために尽くしていきます。

坂田社長、お疲れさまでございました。

心よりご冥福をお祈りし、弔辞とさせていただきます。

業界の発展を誓う

❷同業他社の社葬では、故人の遺志を受け継ぎ、業界の発展を目指す決意を述べてもよいでしょう。

●ホテル葬とは●

密葬などをすませた後に時間をおいて、ホテルの式場などで「お別れ会」や「偲ぶ会」などが行われることがあります。これを「ホテル葬」といい、最近増えてきた葬儀スタイルの一つです。

設備が整い、食事が充実していることなどが最大のメリットです。

ホテル葬では、献花などで故人にお別れをした後に、ビュッフェ式の会食を楽しみながら、故人と生前親しくしていた人たちが人柄を偲んで語り合います。

詳細はホテル葬を行っているホテルに直接問い合わせるか、ホテル葬専門のプロデュース会社もありますので、そちらに尋ねてもよいでしょう。

社葬・団体葬での弔辞

同業他社の社長の事故死を悼んで（六十代）

四十代　男性
同業者

始めの言葉　亡くなった理由・状況　エピソード

株式会社山の手製菓、代表取締役社長石川五郎様のご会葬に際し、株式会社みなと製菓を代表いたしまして、謹んでお別れのご挨拶を捧げます。

事故だったということで、やりきれない思いがございますが、私からは、生前に賜ったご厚誼に、まずは御礼申し上げたく存じます。

❶石川社長とは、二十五年前、その頃業界で定期的に行われていた、「勉強会」と銘打った会合で初めてお会いしました。山の手製菓は、すでに業界で確固たる地位を築きつつあった一流企業で、弊社はといいますと、創業間もない小さな会社でした。会合後の親睦会……といってもただの飲み会なのですが、そこで少し話をさせていただいて、お互いの年齢や出身地が近かったことなどが分かり、その後もときどきお会いして、情報交換をさせていただけるようになりました。

お会いするたびに、私はいやでも石川社長の「オーラ」を感じるようになります。何と言っても、石川社長がすごいのは、弊社のような小さな会社相手に隠す情報などない、というかのように新商品の情報などを惜しげもなく開示してくださったことです。もちろん、商標などは登録・取得済みなので、それを教えていただいたからといって、こちらはどうすることもできなかったわけですが、まだ世間に公表さ

出会いのきっかけを語る

❶故人との出会いについて語り、そのまま故人との思い出話につなげていきます。

冥福を祈る

故人へのメッセージ

れていない情報を聞かせていただくのは、それだけでとても刺激に満ちたものでした。大らかで品のある話し方にも、私はすっかり魅了されていきました。

❷そうやって教えていただいた情報の中に、大豆や納豆、インゲンマメ、ラッカセイなど、さまざまな豆をチップスにした、あの大ヒット商品、「まめまめチップス」があります。チップスと言えば、ポテトチップスを指していた時代に、なんという大胆なことをされるのか、と大変驚きました。ところが、その場に持ってこられていた商品を試食させていただいて、二度びっくり！　正直に申し上げて「やられた」と思いました。歯ごたえ、食感といい、味といい、何もかもが素晴らしかったのです。その後、どの会社も、こぞって、かぼちゃやニンジン、バナナなど、「いも」以外の素材を使ってチップスを作るようになりました。いわば、石川社長と貴社の発明は、わが国のチップスの概念を変えてしまったのです。

弊社は、ずっと、山の手製菓に「追いつけ追い越せ」で社業に邁進してまいりました。現時点では到底足元にも及びませんが、それでも、弊社がどうにか立っていられるのは、山の手製菓があればこそ、と申し上げても過言ではありません。自由で斬新な発想で業界を盛りあげてくださったことにあらためて感謝申し上げます。

最後になりますが、ご家族、社員の皆様が社長のご遺志を継がれ、貴社のさらなる発展を目指していかれることを祈念いたします。私自身もできることがありましたら、微力ながらお手伝いさせていただきたいと考えております。

石川社長、どうか安らかにお眠りください。

故人の功績を称える

❷具体的な事例を挙げて、故人の功績を称えます。

社葬・団体葬での弔辞

取引会社の社長の病死を悼んで（五十代）

五十代　男性
取引会社社長

始めの言葉

株式会社藤村印刷社葬式において、代表取締役社長・藤村靖男さんの御霊前に、株式会社市ヶ谷出版より、謹んでお別れの言葉を申し上げます。

エピソード

今日は、こういう場でもありますので、少し思い出話などをさせていただけたらと存じます。

藤村社長との最初の出会いは、二十五年ほど前にさかのぼります。当時、出版社を興したばかりだった私たちは、犬猫ブームにヒントを得て、動物の写真集を出版しようとしていました。写真家も趣旨に賛同してくれていましたので、あとは印刷・製本をしてくれるところが決まれば、スタートできるプロジェクトでした。

計画では、オールカラーとし、サイズは変形判。製本も、リングをつけたり、観音折りのページを入れたり、当時としては珍しい、相当凝ったものを考えていました。にもかかわらず、今から考えると、とんでもない低予算で、対応してくださる会社を探していました。

印刷代の相場も分からず、付き合いもありませんでした。飛び込みでお願いして回った印刷会社は二十を超えたのではないかと思います。そのいずれにも、予算を伝えた時点で断られました。製本の仕様を変更しなければいけないのか……と諦め

かけていたとき、最後のつもりでお願いに上がったのが、貴社でした。
❶藤村社長は当時、営業部長をしておられました。一通り、私たちの話を聞いてくださると、まだ二十代だった私たちに、こうおっしゃったのです。「正直に言って、その予算では、大量の増刷にでもならない限り、わが社は赤字です。でも、面白い試みじゃないですか？　おたくと実験するつもりでお引き受けしましょう」。
夢のようでした。次の日から、私たちは無我夢中で仕事を進め、半年後、ついに第一弾の写真集が完成しました。その夜は、写真集を肴に藤村社長と祝杯をあげました。うれしかった……、本当にうれしかったです。
写真集は、こちらの想像以上に売れて、あれよあれよという間に大ベストセラーとなりました。❷この成功のおかげで今日の市ヶ谷出版があります。藤村社長には、そのときのご英断に本当に感謝しております。
藤村社長は、その後も、弊社の出す、少し変わった注文にもいつも丁寧に応えてくださいました。ただ渡した原稿通りに印刷・製本するということを超えて、同じ目的をもって本作りに加わってくださっていたような気がします。出版社と印刷会社のあるべき関係というものを見たような思いがしております。

故人へのメッセージ

藤村社長、これまでのご厚誼、本当にありがとうございました。お会いできなくなるのは、本当に残念ですが、これからも藤村印刷様とは共存共栄の関係でいられるよう、弊社としましても良書の出版に勤めてまいりますので、ご安心ください。

冥福を祈る

最後に、ご冥福を心からお祈り申し上げまして、別れのご挨拶といたします。

印象的な言葉を紹介する

❶取引先として特に印象に残っている出来事や故人の言葉などがあれば、それを紹介します。

故人への感謝を述べる

❷故人にお世話になったことへの感謝を述べるようにします。

社葬・団体葬での弔辞

取引会社の社長の病死を悼んで（六十代）

五十代　男性
取引会社社長

始めの言葉
驚き・悲しみ
エピソード

株式会社めんたいや社葬式において、代表取締役社長・岩本九州男さんの御霊前に、株式会社どんたく製パンより、謹んでお別れの言葉を申し上げます。

悲しみも消えない中ではございますが、今日は、岩本社長に賜ったご厚誼に対し、感謝の気持ちを込めながら、少し思い出話などをさせていただけたらと存じます。

初めてお会いしたときのことは、今でも鮮明に覚えています。

十二年前の夏、全国的に猛暑が続いていた年の、とても暑い日でした。❶弊社で明太子を使ったパンを開発することになり、その中身、具材として、貴社の明太子を使わせていただきたい、とお願いに上がりました。私は子どもの頃から、貴社の明太子が一番美味しいと思っていたのです。貴社の明太子の大ファンでした。

一通り説明は聞いていただけたのですが、岩本社長は、終始難しい表情をされていたので、商談が成立しないことを覚悟しました。しかし、いただいた回答は、意外なものでした。社長は、「実際に作ってみて、うちの明太子の味がそっくり出せるなら、よか」と言ってくださいました。

ただ、そこからトントン拍子で商品化、という訳にはいきませんでした。岩本社長の味へのこだわりが、こちらの想像を超えるものだったからです。「こんな味は、

故人との関係性を伝える

❶故人と出会った頃の様子を伝えることで、故人との関係性を明かし、そのあとの思い出話につなげます。

冥福を祈る

故人へのメッセージ

うちの明太子じゃなか。これならよその店のを使ってもおんなじたい」。「全然ダメばい」。「もう一回出直してこんね」……。何度作り直しても、何度新しい試作品を持って行っても、ダメ出しのオンパレードでした。私は、一時、本当に岩本社長の顔を見たくない、と思うようになっていました。どこをどう直せばよいのかも、まったく分からなくなっていました。

あるとき、いつものようにダメ出しをされたときに、社長はひと言、ぼそっと付け加えられたのです。「小細工しとるやろ。そのまんま使ったらどうね」。私はハッとしました。そして、会社に戻ると、一から工程を見直しました。製造ラインの技術者が「よかれ」と思って、いろいろと余計な調味料などを足していたのです。

作り直して持って行った試作品に、ようやく岩本社長はOKを出してくださいました。結果として、弊社の「ふくふくめんたいこパン」は大ヒット商品となりました。岩本社長のアドバイスは実に正鵠を射たものだったのです。

それ以降は、安定したお取引をさせていただいております。社長はお会いすると、「おう、やっちょるか！」と気さくに声をかけてくださるようになっていました。経営者でありながら、職人としての「味へのこだわり」を忘れず、西郷隆盛公のような度量の大きさを感じさせる社長を、私は心から尊敬申し上げておりました。

弊社も食品メーカーです。社長に教わったことを肝に銘じて、これからもうまいパンを作っていきたいと思っております。どうか見ていてください。

❷最後に、ご冥福を心よりお祈りいたしまして、お別れの言葉といたします。

故人の冥福を祈る

❷冥福を祈り、あいさつを締めくくります。

社葬・団体葬での弔辞

協会の専務理事の病死を悼んで（六十代）

五十代　男性
協会員

始めの言葉

本日ここに、社団法人日本八コマ漫画協会専務理事・故小平義郎殿の葬儀を社団法人日本八コマ漫画協会葬を以て執り行うにあたり、謹んでご霊前にお別れの言葉を申し上げます。

❶小平さんは、大阪に生まれ、少年時代より漫画に親しみ、高校を卒業後、上京。すぐにプロの漫画家になられました。皆さんご存知の通り、『スリーピース』『となりの大正レトロ』など、これまでにたくさんのヒット作を生み出されています。

協会の活動内容

当協会は、設立して間もない団体です。小平さんは設立時に理事として参加され、そのまますぐに専務理事に就任されました。発足直後から、さまざまなイベントや講演会等を通して、八コマ漫画の普及・浸透に尽力されてきました。

日本の漫画は、mangaが世界で通用する英単語になっているくらい、メジャーになっています。漫画やアニメを世界に誇る日本文化と言い切る人も大勢います。その中にあって、八コマ漫画は、まだ市民権を得ているとは言えません。四コマ漫画の亜流ぐらいに思われているかもしれません。しかし、八コマだからこそ可能になる表現がありますし、八コマ漫画に固有の技法が確実に存在しています。

当協会の八コマ漫画の定義は、次のようなものです。一、漫画である。二、八コ

故人の略歴を紹介する

❶協会葬などでは、初めのほうで故人の略歴を紹介するとよいでしょう。

冥福を祈る
故人へのメッセージ
エピソード

マから成る。三、四コマに短縮できない。三つ目の条件が、八コマ漫画の固有性を保証しています。四コマ漫画を単に八コマに引き伸ばしたものは、当協会では八コマ漫画とは認定していないのです。

❷この定義を決め、定義に合致した八コマ漫画の実例を多く示してくれたのが、ほかならぬ小平さんなのです。小平さんは、今後、「日本八コマ漫画の父」として、その名を歴史に刻むことでしょう。

小平さんは、定例の会議などでは、「八コマ漫画は立派な文化だ!」といつも熱弁をふるわれましたが、いったん協会での仕事を離れると、気どってはいないのですが、品があり、「洒脱な」という形容詞がぴったりの方でした。作品ではあえて過激な表現をとり、社会に問いかけるようなこともありましたが、ご本人は争いごとを好まない、きわめて平和的な方でした。

そうかと思えば、いたずら好きな一面もあり、一度などは私も標的になりました。会議室の引き戸を開けると、黒板消しが落ちてくるといった、小学生のようないたずらを仕掛けられたことを昨日のことのように思い出します。面白かったよ、小平さん。愛すべき方でした。

思い出は尽きませんが、今後は小平専務理事の残された偉大な足跡を模範として、また、ご遺志を継いで、八コマ漫画のより一層の普及・発展に努めてまいります。

生前のご貢献、ご厚情に感謝を捧げますとともに、ご冥福を心から深くお祈りいたしまして、お別れの言葉とさせていただきます。

故人の功績を称える

❷故人が業界に残した功績を伝え、称えます。

親族・親戚への弔辞

父の事故死を悼んで（四十代）

二十代　男性
長男

始めの言葉　驚き・悲しみ　エピソード

お父さん、お父さんとの永遠のお別れに家族を代表して別れの挨拶を捧げます。

❶お父さん、僕は長男ですから父さんが亡くなったときには弔辞を読むか、あるいは喪主として挨拶をするのは僕の義務だと考えていました。だけど、それは三十年後、四十年後の話だと思っていました。あまりに早すぎます。

五日前、携帯に母さんから電話が入り、理由も言わずに「とにかく大至急家に帰りなさい」と言ってきたとき、友達と騒いでいる最中でしたから「なんなんだよ」と思いました。帰り着いた家には、頭に包帯を巻いた父さんが寝ていました。その穏やかな表情からは信じられませんでしたが、もうお父さんは息をしていなかったのです。数週間前には、「行ってくるからな。バイク、気をつけろよ。勉強、頑張れよ」と、いつもと同じ言葉をかけてくれ笑顔で出張に出かけて行ったのに。

橋の建設現場での事故で死ぬなんて、想像もしていませんでした。けがを心配する母さんや僕らに、お父さんは「日本の建設現場は世界一安全なんだよ。」といつも言っていたのに。会社の方から事故の説明は受けました。現場では先週からあの町では大雪が降ったとのことで、それも原因の一つだそうですね。天災が絡んでいたら誰を恨むこともできませんが、お父さんは数年前のあの大地震のとき『未曾

今の気持ちを素直に語る

❶現在の心境を素直に語ります。

故人へのメッセージ

有の災害』なんて言葉は、政治家が使うのはいいけど設計者や現場の人間が使ったら負けだ」と言っていました。だからお父さんは、意識を失う直前にこう思ったかもしれませんね。「橋が出来上がって、利用者がけがをする前でよかった」と。

僕は悔しい。社会人として大事なことを、何も教えてもらわないうちに別れの日が来てしまったことを。お父さんが話しかけてくれたとき、忙しいとか、勉強があるからなどと言って、真正面から向き合わなかったことを心から後悔しています。

「高校生にもなって、まだ将来何をやりたいのか決まらないのか」とも言われましたね。その言葉が、優柔不断を非難されているようでつらかったです。でも、今、僕は進むべき道を決めました。お父さんの進んだ道と同じ道を行きます。お父さんは現場監督でしたが、僕は設計者になってお父さんが大事だと言っていた厳しい日本の自然や地理的条件にも耐える機能的で頑丈、しかも美しい橋を設計する人を目指します。何十年か先、そちらの世界で再びあったら、橋の話に花を咲かせたいです。

お母さんは今、父さんが出張にでも行っていると思って気丈に頑張っていますが、一カ月ぐらいたってお父さんが帰ってこない実感を持ったら、絶対めそめそし始めます。でも、僕と弟で母さんを支えます。もしかしたら逆に僕らの方が支えられるかもしれないけど。

結び

❷とにかくひとまずさようなら。そしてありがとう。父さんの子どもに生まれて、本当によかったと思っています。

感謝の気持ちを伝える

❷親族への弔辞では、最後に感謝の言葉を述べ、結びの言葉につなげるとよいでしょう。

父の病死を悼んで（七十代）

五十代　女性
長女

始めの言葉

エピソード

　お父さん、これまで本当にお疲れ様でした。七十八年という人生は、男性としては平均的なのでしょうが家族から見れば早すぎます。六十代までほとんど病気をすることがなかった父さんを知っている私たちは、九十歳過ぎまで元気でいる姿を想像してきましたから。でも、晩年の父さんは本当によく頑張ったと思います。

　父さんの言動がおかしいなと、周りの人が感じるようになったのは十年ぐらい前でした。記憶力が悪くなるのは誰にでも起こる老化現象ですが、あんなに人の顔と名前を覚えるのが得意だった父さんなのに、親友の名前さえも出てこなくなったのを見て、私はショックを受けました。❶人と話すのが好きで、毎日のように書斎にこもって本を読んでいた父さん。そういう人でも認知症といわれる状態になるのかと、衝撃を受けました。父さんは自分でもおかしいと感じていたようで、「おれの頭には霧がかかっちゃった」などと言っていましたが内心つらかったでしょうね。でも、晩年の父さんはよく笑うようになりました。❶私たち兄弟が子供だった頃には、父さんが大笑いする顔などほとんど見たことがありませんでした。それなのに最近はテレビを見ては笑い、母さんの言うことや行動がおかしいといっては笑い、近所の方たちともおしゃべりをしながら笑いあっているのを見て、「ああ、父さんはもとも

故人の人柄を伝える

❶故人の人柄が伝わるようなエピソードを紹介するとよいでしょう。

結び

と陽気な人だったんだ」と感じたものです。

父さんは教師という仕事に生涯を捧げました。父さんの世代の男の子はほとんど誰もが軍国少年だったでしょうが、父さんは戦争が終わってもかなり長い間、アメリカやヨーロッパが嫌いでした。そして昨日までは「お国のために、陛下のために」と言っていた教師たちが、手のひらを返すように「民主主義」を唱え始めたことに強い抵抗を感じたと言っていましたね。それなのに、父さんは教師になりました。だからこそ、いつも生徒に、教え子に誠実な教師でいようと努めていました。文部省から言われようが、受験に合格させるためであろうが、自分が納得できないことは、しない、言わない、教えないというのがモットーでした。生徒さんから見ると少し厳しい教師だったと思いますが、それでもつい最近まで、ずいぶん大勢の教え子たちが正月やお盆に父を訪ねてきてくれました。父には、私たちの里帰りよりも教え子たちの訪問の方がうれしかったようにもみえ、嫉妬したりしたものです。

今、父さんとの思い出を語ろうとすると本当にたわいないことが浮かんできます。幼い頃、父の運転する自転車の前の席に座って、土手をかなりのスピードで走ったこと。また父の散歩について行ったとき、「母さんには内緒だぞ」と言ってソフトクリームを買ってくれたことなど。ほとんど忘れていたそのようなことをも思い出すと、私たちは父さんに愛されていたんだと、十分に感じることができます。

父さん、本当に長い間ありがとう。母さんは元気ですが、私たちが守っていきます。どうか安らかに眠ってください。

周囲の人との交流を伝える

❷故人が周りの人たちに慕われていた様子を語るのもよいでしょう。

母の事故死を悼んで（五十代）

二十代　男性
長男

始めの言葉

亡き母・山下紀子の霊へ、遺族を代表して弔辞を捧げます。

「母さん」って、俺、中学生以上になってからそんな呼び方をしたことはなかったよな。だから、こういう改まった場ですが、❶今まで通り「おふくろ」と呼ばせてもらいます。

亡くなった理由・状況

おふくろが仲良し四人の山仲間と登った白馬岳の山荘から連絡が入り、夕方到着予定だったがまだつかないと言われたとき、おやじは本当にびっくりしていました。すぐに警察署に連絡をして捜索してもらったのですが、翌日昼前、稜線で全員倒れているのが発見され、すでに五人とも亡くなっていたということです。

エピソード

おふくろの登山歴は学生時代からですが、登山ぶりは本当に慎重でした。靴や雨具、下着などの装備も、ふだん着るものなどには贅沢を絶対にしないのに結構高いものを買って、「命を守ってもらうのだから高くはないのよ」と言っていました。そして持っていくものも、「夏山なんだから、もう少し軽くすれば」と僕らが言っても、「甘く見ちゃ絶対だめ。ふだん穏やかな山も、天気が変われば牙をむくんだから」と、軽い気持ちで登ることを戒めていました。あの事故の後、世間の人やマスコミはいろいろなことを言っています。「遭難者は全員軽装だった」という報道

普段の呼び方で呼びかける

❶内輪の葬儀の場合や故人との関係が近いときは、親しみを込めて普段の呼び方で故人に呼びかけてもよいでしょう。

もあり、僕は「お前ら、おふくろの装備を見てもいないくせに、どうしてそんな無責任なことを言うんだ」と腹が立ちます。僕は、そんなおふくろが遭難してしまうのだから、きっと天候などの悪条件が重なったのだとしか思えません。

おふくろは本当に山が好きでした。特に、僕ら子どもが手を離れるようになった後は、それまで我慢していた分を取り返すかのように、一カ月に二回くらい登っていたこともあります。母は本当に、山を愛していたのです。だから、その懐で息を引き取ったのは、おふくろにとっては運命だったのかもしれません。

山以外にも、おふくろに教えてもらったことはたくさんあるよね。植物や動物に愛情を注ぎ、いつくしむこと。礼儀正しくし、あいさつをきっちりすることを。食べることや食べ物を大事にして、自分で食事を作れるようになることなどは、この年齢になって特に、非常に役に立つことだと実感しています。

故人へのメッセージ

心残りに思っていることは、彼女を引き合わせられなかったことです。母さんも何となく気づいていて「いつ家に連れてくるの」と気にしていたけど、僕は照れくさくて、なかなか彼女に言い出せなかったんだ。❷母さん、僕は近いうちに彼女と結婚します。そして、おふくろとおやじが作ってくれたような暖かい家庭を築きます。

結び

母さん、まず父さんをいちばん気にかけて見守ってやってください。今は強がっていますが、あれで結構さびしがり屋だから、きっとひどく応えていると思います。そしてできたら、妹と僕、僕の近いうちにできる家族も。さようなら、また会うときまで。

誓いの言葉を述べる

❷故人が安心できるような誓いの言葉を述べるようにします。

母の病死を悼んで（六十代）

三十代　男性
次男

始めの言葉

亡くなった理由・状況

エピソード

故母・長浜和子の告別式に当たりまして、私は次男の啓太と申しますが、兄弟を代表して惜別の言葉を捧げます。

母は三日前、糖尿病が原因で長年患っていた腎臓病による腎不全でその生涯を終えました。❶五年前、父を亡くしたばかりの私ども兄弟にとっては、ついに両親を亡くしたこととなり、つらい気持ちと不安な思いでいっぱいです。母には病気がちでも、ベッドに臥せっていても、もっと長生きしてほしかったという気持ちがある反面、母の長い間の闘病生活をそばで見ていた僕らにとって、やっと安らぎの時が訪れたのかというのも偽りのない気持ちです。

母さん、本当にお疲れ様でした。母さんは、もう十年も前から週に三日、透析に通っていましたね。母さんは僕を出産したときに妊娠性糖尿病になったということですから、もう三十年以上、糖尿病とつき合ってきたわけですね。兄さんの出産のときには何でもなかったのに、僕のときに発症したというのは僕に何らかの責任があるのかとずいぶん悩みましたが、母さんは「啓太には全く責任はないのよ。妊娠中というのは体の状況が糖尿病になりやすくなっているし、先祖から受け継いだ体質もあるし、母さんの食べ方や運動不足にも原因があるから」と言ってくれました。

自分の思いを伝える

❶自分の悲しい気持ちを素直に語ってもよいでしょう。

そして、その後も女の子がほしいと食事や運動に気を遣い、妹真美を生んでくれたんですね。僕も真美も、この命を与えてもらったことを心から感謝しています。

　母さんは、糖尿病や腎臓病、高血圧など様々な持病を持っていたにもかかわらず驚くほど楽天的でした。「悩んだって、病気が治るわけではないでしょう。できることをベストを尽くしてやる。あとは神様にお任せよ」というのが口癖でしたね。体にいいというものを積極的に摂って、運動もして、透析してくれる病院のリストを持って外国旅行にまで出かけました。僕はそんな母さんの姿勢がとても好きでした。

　それゆえに❷母さんは健康な僕らが大した努力もしないで弱音を吐いていると、すごい勢いで叱られ怖かったものです。でもおかげで僕たちは、中学校の頃から部活に勉強にと頑張ることができて、三人とも何とか一人前に、自分の食い扶持は自分で稼げるようになりました。今両親を失った僕らにとっては、それが何よりの財産です。本当にありがとうございました。

故人へのメッセージ

　今母さんの霊前で、僕らよりも一番つらい思いをしているのは、ばあちゃんです。僕らはどこかで、親を見送るのは当然という意識がありましたが、ばあちゃんはわが子を自分より先に亡くしたことでひどく落ち込んでいます。でも母さん、安心してください。僕らは、今までほとんどできなかった親孝行の分を、ばあちゃんに対してやっていきます。もう持病も気にせず安らかに眠ってください。

結び

　今頃は天国で、父さんと会っているよね。久々に夫婦水入らずで、楽しいときを過ごしてください。じゃあ、またね。

親子の思い出を語る

❷親（または子）への弔辞では、親子ならではのエピソードを語ることで話が温かみのあるものになります。

親族・親戚への弔辞

息子の病死を悼んで（十代）

三十代　男性
父

始めの言葉　亡くなった理由・状況　エピソード

翔へ。今、お前の笑顔の遺影を見ると涙が止まりません。十二歳八カ月、なぜこんなにも早く旅立たなければならなかったのだろうか。

翔の病気が見つかったのは、わずか二年前だったね。運動好きで食べることが大好きだったお前が、元気がなくなり熱を出すようになって、顔色も悪くなったので、病院に連れて行ったら白血病の診断が下った。ショックだった。もちろん、そうした病気があるということは知識として知っていた。だけど、自分たちの息子が白血病になるなんて。親なら誰も想像だにしない。母さんも私も、目の前が真っ暗になった。母さんは一週間ほど、「どうして？　なぜ？　私が代わってやりたい。どうしたら代わることができるの？」と、半ば錯乱状態になって何度も私に言ったものだ。

私たちは考えに考えた挙句、翔に病名を告げることにした。じいちゃんもばあちゃんも、告知するのはかわいそうだと反対したよ。だけど治療は厳しく、理由がはっきりしなければその治療に翔が耐えられるとは、私には思えなかった。だから心を鬼にして、お前に本当のことを言ったんだ。自分が白血病だと知り、しかも先の命が長くないとわかったとき、おまえがどんな気持ちになったのか、残念だが想像するしかない。悔しかっただろう。何も悪いことはしていないのに、なぜよりによ

って僕が？と思っただろう。それなのにしばらく黙っていた後、おまえは「父さん、本当のことを教えてくれてありがとう。この苦しさの原因がわかってよかった。僕、頑張るからね」と気丈に言った。お前が白血病だとわかったときより、その言葉を聞いたときのほうが、ずっとつらく、涙が止まらなかった。

それからのおまえは、❶積極的につらい治療に耐えて、私たちには考えられないほど明るくふるまっていたね。それまでは学校を好きなほうではなかったのに、病気になった後は、たまに調子が良くて学校に行ける日を何よりも楽しみにしていたよね。❷友達が見舞いに来てくれると、友達が「本当にそんなに大変な病気なの？」というほど、冗談を言って笑わせたり、ベッドの上で飛び跳ねたりしていたね。

おまえの夢は、プロのサッカー選手になることだった。病気だとわかった直後、私はお前が熱狂的なファンだった東京ブラックスに、大前賢選手のサインをもらいに行った。大前選手は喜んでサインをしてくれて、お前はそれを病室の壁に飾って大喜びしていた。だけどその一週間後、大前選手が病室を訪れてくれたときの喜びようったらなかったな。「父さん、僕病気にならなかったら大前選手と二人だけで会ったりできなかったよね」と、また私たちを泣かせるセリフを言ったっけ。でも本当は病室に来てもらうよりは、元気になってスタジアムに応援に行きたかったよな。

翔、短い人生だったけど、お前はその与えられた命を精いっぱい生きた。わが息子ながら本当に立派だったよ。それは私たち家族全員の誇りだ。その生き方を私たちは決して、決して忘れない。どうか安らかに眠っておくれ。

故人へのメッセージ

結び

闘病の様子には踏みこまない

❶闘病の様子に触れるときは、具体的な説明は避け、表現が生々しくならないように注意します。

故人の人柄を伝える

❷故人の人柄が伝わるようなエピソードを紹介するとよいでしょう。

息子の事故死を悼んで（二十代）

五十代　男性
父

始めの言葉

和雄、君には、ずいぶんと驚かされてきたが、こういうことになろうとは夢にも思わなかった。事故に遭って急にいなくなるなんて、私の人生でこれ以上の悲しみはない。

亡くなった理由・状況

運転免許を取得して以来、いつも安全運転を心掛けていたね。「お父さんの運転は少し危ないから気をつけてよ」なんて和雄から注意を受けたこともあった。そんな和雄が、追突事故に巻き込まれてしまうと……。避けられようがなかったのだろうけど、❶それでもどうにかならなかったかと無念で仕方がない。

エピソード

二十七年前、私たち夫婦の第一子として、水戸のおじいちゃん、おばあちゃんの初孫として、岐阜のおじいちゃん、おばあちゃんの最初の男の孫として生まれ、みんなが大喜びしたのがつい先日のことのように思い起こされる。本当に幸せな瞬間だった。

❷和雄はとても活発な子で、近所の子供たちとよくけんかもした。しかし君の話を聞けば、すべてにきちんとした理由があった。正義のためのけんかと理解できた。それに、年下の子や女の子には手を出さなかったのも、わが子ながら立派だと思っていた。

無念さを素直に語る

❶わが子を亡くした無念さを素直に語ってもよいでしょう。

故人のよい面を伝える

❷親から子への弔辞では、子供の人柄や行いのよい面を伝え、褒めてあげてもよいでしょう。

故人へのメッセージ

中学の頃にはすでに将来の目標が決まっていたね。それに向かって努力を続け、高校、大学と進学した。その頑張りが実を結び、就職も望む会社に勤めることができるようになった。就職が決まったという報告をしてくれたときの、和雄の嬉しそうな顔を忘れない。私も、わが子ながら誇らしげに思った。

社会人になって五年、上司の方にかわいがってもらい、同僚の皆さんの信頼を得、仕事も順調に進んでいることが、たまに話す君の言葉の端はしから読み取れて嬉しかったものだった。

最近では、将来のよき伴侶も見つかって、近々、私たち夫婦に紹介するといってくれていたのに……残念としかいいようがない。

しかし、君のことは、私たち夫婦の心の中では生き続ける。また、上司の方、同僚やお友達の皆さんの中でも、きっと生き続けてくれると思う。

結び

短い人生だったけれど、私たちの子供として生まれてくれてありがとう。

安らかに眠ってくれ。

●無宗教葬●

「無宗教葬」とは、宗教にのっとった儀式を一切行わず、自由なスタイルで行う葬儀のことをいいます。

決まった形式はなく、故人の遺志や故人の趣味などにそって、その故人のためだけのオリジナルな葬儀を作っていくことができます。

個人葬だけでなく、いろいろな宗派の人たちが集まる社葬や団体葬では、このスタイルで行われることが多くなってきました。

ポピュラーな形としては、祭壇に花をいっぱいに飾り、故人が好きだった音楽をBGMとして流すか、その場で楽器を演奏したりするものがあります。

形式が自由な分、プランをしっかり立てる必要があります。親族をはじめ、参列者の協力も不可欠です。

無宗教葬では埋葬できない場合もありますので、菩提寺や葬儀社などに相談しながら進めるといいでしょう。

親族・親戚への弔辞

娘の事故死を悼んで（十代）

四十代　男性
父

美智子、お父さんだよ。

学校の帰りに、自動車事故に遭うなんて、夢にも思わなかった。お母さんから会社に電話があったとき、何を言われているのかわからなくなった。頭が真っ白になった、とよく聞くけれど、これがそうなんだと、へんに冷静だったような気もしたよ。

美智子は、思い出をたくさん作ってくれた。

初めての娘ということで、お父さんは本当に嬉しかった。

幼稚園の入園式で、お母さんから離れるのがいやで泣き喚いたそうだね。でも、その後はたくさんのお友達ができて、幼稚園に行くのが楽しいと話してくれたこと、昨日のように思い出す。

小学校のとき、運動会ではリレーのアンカーを任されたと嬉しそうに話していたね。本番で美智子は頑張って走ったけど2着だった。美智子は負けたことに、くやしがって泣いていた。わが子ながら見上げたものだと思っていたよ。

❶中学校では、ピアノの発表会でお父さんの大好きなショパンを弾いてくれたね。順位をつけるような発表会ではなかったけれど、間違いなく美智子が一番上手だっ

印象深い思い出を語る

❶具体的な出来事やそのときの感想を語ることで、親子の絆の強さを伝えることができます。

結び　故人へのメッセージ

た。

高校生になっても、お父さんと一緒に買い物に付き合ってくれた。その話を会社の人に話すと、皆から羨ましがられたものだった。

❷今も目をつぶると、美智子の赤ちゃんのころからつい最近の高校生の制服姿までが、次から次へと浮かんでくるよ。

美智子と別れるのは本当につらい。

でも、いい思い出ばかりを残してくれた。

美智子の友達は、美智子がいなくても時々、家に遊びに来てくれると約束してくれた。その好意に甘えていてはいけないんだろうけれど、しばらくは、そのお友達と話しながら美智子のことを思い出すのを許してください。

天国へ行っても、美智子は私たちの娘です。

本当にどうもありがとう。

語りかけるような口調で

❷故人に話しかけるような調子で文章を書いてもよいでしょう。

●慶事が控えているときは●

出産や結婚式など、身内に慶事が控えているときは、弔問を控えるのがマナーです。

このときは、弔電を打つか、遺族に電話をかけて、弔問にうかがえないことをていねいに詫びます。弔問にうかがえない理由を事細かに述べる必要はありません。

知人の慶事と通夜・告別式が重なったときには、時間の調整がつけば、両方に出席してかまいません。時間の調整がつかないときは弔事を優先します。

慶事はあとからでも本人に会うこともできますが、弔事は故人にお別れする最後の儀式となるからです。

娘の病死を悼んで（二十代）

五十代　男性
父

始めの言葉

みゆきちゃん、お父さんだよ。

❶みゆきがこんなに早く旅立つなんて、夢にも思いませんでした。

亡くなった理由

みゆきの病気が見つかったのが一年前でしたね。体調がすぐれないからといって病院にかかり、検査の結果、急性白血病と診断され、そのまま入院ということになってしまいました。厳しい治療にも耐えながらも頑張っているみゆきの姿を見ては、何度、変わってやりたいと思ったことだろう。病院の先生から、余命が半年だと聞かされたとき、お父さんの心は裂けんばかりでした。

驚き・悲しみ

今でも電車に乗っているときや、街を歩いているとき、みゆきと同じ年ごろの子を見ると、みんなこんなに元気なのに、どうしてみゆきだけがといいたくなります。でも、みゆきは早く逝ったぶん、私たちにたくさんの思い出を残してくれたのかもしれません。

エピソード

まだ幼稚園に入った歳の頃、タレントや歌手の名前をすぐ覚えて、まだ十分に回らない口でかわいく話し、その世界には全く疎いお父さんを驚かせてくれたものでした。

小学校からはピアノを習い始め、一生懸命に練習をしていましたね。発表会では

今の気持ちを素直に語る

❶子を亡くした親としての気持ちを、素直に語るのもよいでしょう。

結び　故人へのメッセージ

バッハの曲を弾き、お父さんの耳にはどんな人よりも上手に聞こえて、天才かと思いました。
中学校では、ソフトボール部に入部していたね。オリンピックに出るんだといって頑張っていました。努力家でした。
高校も大学も第一志望校へ入学するなど、やはり努力家でした。
そして昨年、就職も決まっていたのに、病で倒れ、つらい治療にも堪えて頑張ったけれど、克服できませんでした。
でも、みゆきは頑張ったよ。病気でつらいだろうに、私たちの前では明るくふるまって、やはり、努力家でした。
❷お父さんもお母さんも、お兄ちゃんも、おじいちゃんも、おばあちゃんも、みんな、みゆきのことは忘れないよ。みんなの心の中で生き続けるよ。
いつか天国で会ったら、昔のように、天才振りを、努力家振りを見せてください。
みゆき、本当にどうもありがとう。

故人に約束をする

❷故人に対して約束したいことを述べます。

●法要でのマナー●

法要とは、仏式の儀式で故人の冥福を祈って供養することです。亡くなった日から四十九日目までは故人の霊がさまよう中陰の期間とされ、七日目の初七日忌、四十九日目の七七日忌の法要などがあります。特に四十九日目は故人の霊の行方が決まる日とされ、法要も盛大に行われることが多いです。そのあとは没後百日目の百か日忌となり、以降は故人の命日に年忌法要を行います。

年忌法要には一周忌、三回忌、七回忌などがあります。

法要に招かれたら

招待を受けたら、できるかぎり出席するのがマナーです。やむを得ない理由で出席できないときは、お詫びの言葉や遺族を気遣う言葉を添えて、速やかに返信ハガキでその旨を伝えましょう。電話や手紙でおわびができれば、さらによいでしょう。

出席するときは

服装は、四十九日までは葬儀と同じ略礼装が基本です。ただし招待状に「平服でおいでください」と書かれている場合は、平服に黒ネクタイでも構いません。

当日は菓子や果物、生花などの供物または現金（一～二万円程度）を持参することが多いようです。

いとこの事故死を悼んで（十代）

二十代　男性
いとこ

始めの言葉

❶正人君、いとこの勇だよ。

驚き・悲しみ

一週間前に、お母さんから正人君が事故にあって入院したという話を聞きました。お見舞いに行こうと思っていたときに、突然の悲報を聞いて、そのときは何が起こったのかよくわかりませんでした。

でも、今、僕の目の前にある遺影を見ていると、涙が止まりません。悲しくてしかたがありません。

亡くなった理由

事故というのが、おぼれている子を助けようとして海へ入って命を落としたなんて、正人君らしいなと思ってしまいました。子供のときから、困っている人を見ると黙っていられなかったものね。

エピソード

正人君は僕より年下だけれど、いろいろなことを君に教わってきたよ。君の行動を見ていて何度も気づかされたことがありました。

❷バスに乗ったとき、お年寄りに率先して席をゆずったのは正人君だった。それを見ていたみんなが、その真似をしてお年寄りに席をゆずり始め、運転手さんからほめられたことがあったね。

❷転んで泣いている子がいれば、遊びに行くのに遅れそうなのに家まで送っていっ

普段の呼び方で呼びかける

❶親族だけでの葬儀の場合は、みんなが普段呼んでいる呼び方で語りかけてもよいでしょう。

故人の人柄を偲ぶ

❷故人が生前、どのような（よい）行いをしていたかを語り、人柄を偲びます。

結び　故人へのメッセージ

たことがありました。重そうな荷物を持っているおばあさんがいればその荷物を持って横断歩道を渡ってあげたり、杖をついているおじいさんの手をつないで横断歩道を渡ったりと見習うことはたくさんありました。

今回も、正人君は当然のこととして助けに行ったのだろうね。

君が助けた子供たちは助かったよ。その子たちもその子たちのご両親もとても感謝していたそうです。

きっと正人君の分までがんばって生きてくれると思う。

でもやはり残念だ。しかし、残念がっていても正人君は喜ばないだろう。

僕たちも、正人君の分までがんばっていこうと思う。

そして、いまは気丈にしている、おじさんやおばさんをこれからも見守っていきます。

どうぞ、安らかにお眠りください。心よりご冥福をお祈りいたします。

●神式、キリスト教式の供養●

神式の供養

仏式の法要にあたる儀式として、「霊祭」があります。亡くなった日の翌日に「翌日祭」を、以降十日ごとに霊祭を行い、「五十日祭」まで続きます。五十日祭をもって忌明けとするのが一般的です。そのあとは、百日祭、一年祭、二年祭、三年祭、五年祭、十年祭と続き、そのあとは十年ごとに「式年祭」が行われます。

マナーは仏式の法要とほぼ同様ですが、霊祭では焼香の代わりに「玉串奉奠」を行います。

キリスト教式の供養

仏式の法要にあたる儀式として、カトリックでは、没後三日目、七日目、三十日目と毎年の召天記念日（命日）に教会で追悼ミサを行います。

プロテスタントでは、没後一か月目、半年目、一年目の召天記念日などに記念会を開きます。

マナーはキリスト教式の葬儀とほぼ同様です。信者でない場合は、式の内容やマナーについて事前に確認しておくとよいでしょう。

親族・親戚への弔辞

いとこの自死を悼んで（十代）

十代　男性
いとこ

敦ちゃん。敦ちゃんとは、ひいばあちゃんのお葬式、おじいさんのお葬式に一緒に行ったけど、いつも隣に並んでお坊さんのお経を聞いていたよね。❶それなのに今日はなぜ、敦ちゃんはその壇の上から僕を見ているの？ なぜ、そんなきれいな笑顔で笑っているの？ 僕は悲しくてさびしくて、涙が止まらないというのに。

敦ちゃんとはいとこ同士だけど、年齢が同じだから同級生でもあった。だけど敦ちゃんのほうが半年早く生まれていたから、僕は何となく兄貴みたいに思って、どこかでいつも頼っていたっけ。敦ちゃんは頭がよくて成績も僕よりずっとよく、中学の陸上部では、僕は短距離走の選手だったけど敦ちゃんは持久力がすごくて長距離走が得意。特に後半に強かったよね。そして中学三年時には陸上部のキャプテンもやっていた。僕はいとことしてすごく誇りだったけど、ちょっぴり嫉妬心もあった。だって顔は僕のほうがいいし背も僕のほうが高いしと自分では思っていたのに、敦ちゃんのほうが女の子にもてたんだもの。

敦ちゃん一家は中学卒業と同時に引っ越していったから、高校になってからは、お盆とお正月ぐらいにしか会えなかった。一カ月ほど前の土曜日に久しぶりに敦ちゃんからメールが来て、二人で○○市のゲームセンターで会ったよね。少しおしゃ

自死の原因を探らない

❶自死の場合、原因を憶測したり、問いただしたりするような発言は避けます。

べりをして、あとはただゲームをやり続けていたけど、あのときは何か話したいことがあったからメールをくれたんだろうか。それとも僕にお別れを言いたかったんだろうか。敦ちゃんはいつも通り明るく、にこにこと笑っていたから鈍い僕は何も気づかなかった。

僕は敦ちゃんのいとこで、同級生で、兄弟のような存在だと自分では思っていたけど、本当はそうじゃなかったんだね。だって敦ちゃんは、その苦しい胸の内を一度だって僕に打ち明けてくれなかったもの。もちろんそれは、敦ちゃんのせいではない。僕が頼りなかったからなんだ。もう少し僕がしっかりしていて、心の内を話し合える間柄だったら、きっと敦ちゃんは僕に相談してくれたよね。力になれなくて、本当にごめんなさい。非力な自分が悔しいし、おじさん、おばさんには本当に申し訳ない気持ちでいっぱいです。

敦ちゃん、僕らはいつだったか「男が泣くのは、親が死んだときと財布を落としたときだけだ」などと冗談を言い合ったけど、いとこの死でも本当に泣けてしょうがないよ。僕らはこれからずっと、敦ちゃんを失った心の隙間を抱えて生きていかなければならない。つらいよ。

でももう敦ちゃんは悩みから解放されて、安らかな気持ちでいるんだよね。どうかそちらの世界から、僕らを見守っていてください。

ご冥福を祈ります。

故人へのメッセージ

冥福を祈る

故人の行動を否定しない

❷「自死はだめだ」というような故人の行動を否定するような発言は慎みましょう。

弔問側のあいさつ

親族・親戚への弔辞

甥の病死を悼んで（三十代）

五十代　男性
おじ

敏明。一昨年、君が病に倒れたとき、僕にこう言ったことを覚えているか。「絶対に治して、おじさんとキリマンジャロに登る」。君の体がこれほどまでに蝕まれているとは知らなかった当時の僕は、今思えば並々ならぬ決意だったろう君の言葉に、どんな返事をしたのかさえ思い出せない。ふがいない叔父を、君は許してほしい。

君がまだ高校生だった頃、よく一緒に山に登ったな。あの頃は今ほどの山岳ブームもなく、なかなか若い人が気軽に始められるアウトドアではなかったというのに、君は僕をきっかけにどんどんと山の魅力に取りつかれていった。僕はそれがとても嬉しかった。

幼い頃は引っ込み思案でなかなか自分を出せないでいた君が、山登りを始めた頃から積極的に外の世界に飛び出すようになり、大学ではサークル活動で仲間とともに国内の山をたくさん登り歩いていると近況を聞いたときは、淋しくも頼もしい気持ちになったことを覚えているよ。

卒業後はサークルで出会った美奈子さんと結婚し、❶一家の長となりながら仕事に邁進していた君だけど、忙しい合間を縫っては僕に連絡を寄こし、「おじさん、最近はどこに登ってる？」と尋ねてきてくれたな。今は海外に興味があると伝えると、

故人との会話を紹介する

❶故人との会話の内容を語ると、読み手と故人との関係の深さや故人の人柄を印象深く伝えられます。

冥福を祈る　故人へのメッセージ

「それじゃあ、初めての国外は一緒に登ろうよ」と、君はいつでも、やさしい気使いを忘れなかった。

「人生は山登りと一緒だ。この病気は、今まで経験したことのないとてつもなく大きな山だけど、乗り越えた先にはきっと見たことのない景色が待っている。そう思ったら楽しいよ。それに俺は、難関ほど燃えるタイプだから」。入院中、見舞いに行く度、僕にそう語っていた君の頑張りが成就しなかったことは、本当に残念でならない。

②敏明、僕は来年、キリマンジャロに登ろうと思う。君ほどの若さもなければ、共に登る相手もいない。たった一人での登頂は厳しいものになるだろう。だけど、長年培ってきた経験値を頼りに、②君が遂げられなかった無念の思いを、必ず山頂に届けたいと思う。そして山の頂上から、君の魂を見送りたい。それが、僕にできる精一杯の弔いだ。

君は立派に人生という山を登り切った。いつの日か僕が山頂にたどり着いたときは、昔のようなあどけない笑顔で、「遅いよ、おじさん」そう言って迎えてくれ。

敏明、安らかにお休み。

故人に誓いを立てる

②故人の思いを受け継いで何かに挑戦するといった誓いを立ててもよいでしょう。

おじの事故死を悼んで（五十代）

三十代　女性
姪

始めの言葉

驚き・悲しみ

エピソード

❶正樹おじちゃんへ。

三日前の夕方、「マサさんが鹿に襲われて意識不明の重体だ」と、ヨシさんが観光協会に飛び込んできたときは、おじちゃんがまた大げさに騒ぎ立てているのかと思いました。おじちゃんは、些細なことでも大げさにしちゃうところがあったから。でも、今度ばかりは本当でした。銃声を間近に聞いて興奮した雄鹿がおじちゃんに襲い掛かり、角は太ももを貫通し、病院に運ばれたときにはすでに出血多量の状態でした。鹿はヨシさんが撃ちとったそうですが、その角にはべったりと血痕が残っていたと聞いて、胸が裂けるような思いでした。

昨年から繁殖に手を焼いていた鹿の駆除が始まり、往年の猟師として正樹おじちゃんはヨシさんと共にチームを牽引してくれましたね。仕事に精を出す半面、おじちゃんは「食うわけでもないのにただ殺しちまうのはかわいそうだ」と、心を痛めていました。おじちゃんが何気なく呟いたこの一言は、地域観光協会で働いていた私にとって転機となりました。

❷鹿肉を使った料理で地域おこしがしたい、そう相談したとき、おじちゃんの目は子供のように輝きを増しました。そして、鹿の捌き方、内臓の処理、それらを使っ

普段の呼び方で呼びかける

❶親族のみの場合などでは、「おじちゃん」のような普段の呼び方で語りかけてもよいでしょう。

印象的な出来事を伝える

❷故人との間で起きた印象深い出来事を具体的に伝えます。

結び
故人へのメッセージ

た美味しい料理の作り方、今後事業化していくために何が必要か、右も左もわからない私に次々と的確なアドバイスを送ってくれました。

小さな試みから始まったこのプロジェクトは次第に口コミで広がっていき、地域新聞やローカルテレビなどで取り上げられたことをきっかけに、全国各所まで話題となって行きました。見知らぬ土地から来た人たちが鹿料理を食べて「おいしい」と言うたびに、心底うれしそうに顔をほころばせていたおじちゃんの姿が目に焼き付いています。

今月、念願だったジビエ工場が完成し、監督官として任命された矢先の出来事でした。猟師チームも、大黒柱だったおじちゃんを失い、動揺が収まっていないのが現状です。いなくなって初めて、私たち観光協会はおじちゃんに頼りっきりだったのだと痛感しています。何よりも、おじちゃんの朗らかで愉快な人柄にもう触れることができないのかと思うと、淋しくてなりません。

でも、ここで私たちがくよくよしていたら、せっかくここまでおじちゃんが頑張ってきてくれたことが無駄になってしまう。突然の別れは本当に辛いけど、おじちゃんからの教えをきっちりと守って、これからも地域を盛り上げて行くからね。

頼りないと思ったときは、天国から喝を入れてください。

親族・親戚への弔辞

おばの病死を悼んで（四十代）

二十代　女性
姪

みどりおばさん、とうとう帰らぬ人となってしまわれましたね。もう二度とあの優しい笑顔を見られないなんて、悲しすぎます。

おばさんの具合が悪いということは聞いていました。若いときからの持病の腎臓が悪化していて、長くはないらしいと父から聞いたとき、運命の厳しさに涙が止まりませんでした。

今、あのいつもの笑顔の写真を前にして、小さいときからのおばさんとの思い出が次々と思い出されてきます。私は、妹が喘息持ちでなかなか旅行に出かけられず、母はその妹につきっきりでしたから、正月やお盆に父の実家に帰るときも、いつも父と私の二人だけでした。もちろん妹の病気のせいだとは分かっていたものの、やはり幼い私は母がいないことに寂しさを感じていました。けれども父は、おじいちゃんやおじさんたちとお酒を飲むことが楽しくて、私はときどき忘れられたような気がしていたものです。

そんなとき、おばさんはいつも私を誘って海や近くの丘、神社などに遊びに連れて行ってくれました。❶貝殻を集めたり、草花や鳥の名前を教えてくれたり、本来母がしてくれたり、教えてくれたりするはずのことを教えてくれ、妹のように、とき

具体的に思い出を語る

❶故人がしてくれたことを具体的に挙げて、感謝の気持ちを伝えましょう。

には娘のようにかわいがってくれました。私はだんだん、父と二人きりで実家に帰ることが楽しみになりました。

故人へのメッセージ

また、私が美術大学に進もうと心に決めたのも、おばさんの影響です。みどりおばさんはきれいなものが大好きで、おばさんの机の引き出しにはいつも、写真や絵ハガキ、千代紙など、きれいなものがいっぱい入っていました。「私、勉強はだめだけど美術だけは大好きなの」といって、よく風景画や人物画を描いていましたね。

❷おばさんに描いてもらった私の似顔絵、あれが私の進路を決めたのです。私はおばさんのように絵の才能はなかったけど、絵を描くことが好きだったから、イラストレーターをめざしました。そう話したとき、おばさんは本当に喜んでくれましたね。「私は体が弱くて絵の道には進めなかったけど、純ちゃん、頑張ってね。きっと純ちゃんは、絵を見たみんながやさしい気持ちになるようなイラストを描けるわよ」と励ましてくれました。そのおかげで、私は今、何とか仕事をしています。

結び

おばさん、もうそちらの世界では体のことを気にしないで、ぞんぶんに絵が描けますね。いつか私もそちらに行ったときには、二人並んで天上の美しい風景や草花の絵を描きましょうね。それまで、さようなら。

故人から受けた影響を述べる

❷故人から受けた影響で今の自分の人生に活かされていることがあれば、それを伝えます。

祖母の病死を悼んで（六十代）

十代　女性
孫

始めの言葉

エピソード

おばあちゃんへ。

❶おばあちゃん、小さな頃からミユのことをかわいがってくれて、ありがとう。おばあちゃんはやさしくてかわいくて、ミユは、おばあちゃんが大好きでした。ミユがまだ幼稚園生だった頃、毎日お迎えに来てくれたね。おばあちゃんの車に乗って、おばあちゃんの好きな山口百恵さんの曲をききながら、一緒に歌って帰りました。でもおばあちゃんは音痴だったね。ミユは、おばあちゃんが音を外してしまうのがすごくおもしろくて、途中から笑ってしまって、いつも最後まで歌えなかったよ。ミユがたくさん笑うから、おばあちゃんはとても嬉しそうにしていました。

お父さんとお母さんが仕事で帰ってくるのが遅いときは、おばあちゃんが料理を作ってくれました。おばあちゃんの卵焼きは甘くておいしかったよ。時々、卵の殻が入っていて、「おばあちゃん、殻が入ってる」とミユが言うと、「カルシウムだから大丈夫」と言って自分で食べていました。そんなところもかわいいなぁと思っていました。

おばあちゃんが病気で入院すると聞いたとき、ミユは泣き出してしまいました。おばあちゃんは、「美由を一人にさせちゃうね。ごめんね」と言いながらぎゅっと

子供の言葉で語りかける

❶子供が弔辞を読み上げる場合は、難しい言い回しをするのではなく、子供らしい言葉で語りかけるとよいでしょう。

結び
故人へのメッセージ

抱きしめてくれたよね。でもね、おばあちゃん。違うんだよ。ミユはね、一人になるのが嫌で泣いたんじゃないよ。ミユは、おばあちゃんが苦しい思いをしなきゃいけないのが嫌で、おばあちゃんがかわいそうで、涙が出てきたんだよ。

　おばあちゃんが入院してから毎日、家の近くにあるお地蔵様に、おばあちゃんの好きだったシロツメクサの花をお供えして、「おばあちゃんの病気を治してください」とお願いしていました。誰かに見られたらいけないと思って、朝早く起きて、こっそりお家を出て、空き地でお花を摘んで行きました。でもある日、お母さんがミユの後をつけていて、ミユはそれに気付かなくて、バレてしまいました。もうお願いが叶わないと思って、ミユはお母さんを怒りながら大泣きしました。お母さんは何度もあやまりながら、ミユと同じくらい泣いていました。でも、お母さんは悪くないよね。ミユがもっとしっかりしていたら、こんなことにはならなかったのに、おばあちゃん、助けてあげられなくてごめんね。

❷おばあちゃん、もう会えないなんて淋しすぎるよ。おばけでもいいから、時々はミユのところに会いに来てください。そして一緒に、歌を歌おうね。

おばあちゃんのことが大好きなミユより。

素直な気持ちを述べる

❷故人に対して、素直な言葉で気持ちを述べるようにします。

C O L U M N

お悔やみの手紙の書き方と文例

葬儀・告別式に出られないときや弔問しない場合に気持ちを伝える方法として、お悔やみの手紙があります。

先方を気遣い、元気づけるためのもので、どちらかというと形式的な内容でよいとされています。

●お悔やみの手紙の構成

お悔やみの手紙には、以下のような内容を盛り込みます。

①訃報を知った驚き、悲しみ
②遺族の心中を思いやり、故人の冥福を祈る
③故人とのエピソード
④遺族への励まし
⑤お悔やみの言葉（冥福を祈る）
（③は省略することもあります。香典を同封した場合などは、その旨を⑤の前後などに記します。弔問しない場合などはそのお詫びを④の前後などで述べます。）

●文体などの注意点

時候の挨拶などは必要なく、すぐに主題に入り、丁寧であらたまった文面とします。自分の近況などには触れません。

お悔やみの手紙の文例（一般的なもの）

ご尊父様ご逝去の悲報に接し、ただただ驚き、何と申し上げてよいか、お慰めの言葉も見つかりません。

あまりにも急なご訃報に、○○様はじめご家族のお悲しみはいかばかりかと拝察申し上げますとともに、謹んでご尊父様の冥福をお祈り申し上げます。

（注故人とのエピソードを入れる場合は、このあたりに短く簡潔に入れる。
例：ご尊父様にはいつも気にかけていただいていて、これからこちらが恩返しをしていきたいと思っていた矢先でしたので、本当に残念でなりません。など）

本来であれば、さっそくご霊前にご挨拶に伺うべきところですが、（何分遠方のため）取り急ぎ書中をもちまして、お悔やみ申し上げる次第です。

皆さまにはご悲嘆のあまり、お力落としのためにお体をこわされませんようお祈り申し上げます。

なお、ほんの心ばかりのご香料を同封いたしましたので、ご霊前にお供えくださいましたら幸いです。

まずは書中をもってご冥福をお祈り申し上げます。

第3章

喪家側のあいさつ

喪家側の通夜・告別式でのあいさつでは、弔問客への感謝の気持ちを表すことが何よりも大切です。通夜・告別式での丁寧で心のこもった「あいさつ」の書き方を実例で紹介します。

喪家側のあいさつのポイント

弔問客への対応は、喪家側の大きな務めです。ここでは、通夜と葬儀・告別式における喪家側のあいさつのポイントをまとめてみました。大切なのは、故人のために足を運んでくれた弔問客への感謝の気持ちを表すことです。

◉通夜の前、通夜

通夜の前に駆けつけてくれた弔問客に対しては、お悔やみに対するお礼や、生前の故人に対するご厚誼への感謝の気持ちを、誠意をもって伝えます。難しい言葉を使ったり、たくさんの言葉を並べたてる必要はありません。通夜においても同じです。通夜の式が始まったら、喪家側は祭壇の前で弔問を受け、心をこめて謝辞を述べます。弔問客から言葉をかけられたときには、簡潔にお礼を述べます。

式の終了時や通夜ぶるまいを行った場合などは、喪主か遺族代表があいさつを行います。

◉葬儀・告別式、葬儀後

葬儀・告別式においては、喪家側のあいさつは、普通、告別式の終了時か出棺に際して棺を霊柩車に納めるときに行います。

通夜などと同様に、心をこめて弔問いただいたことへの感謝の気持ちを述べることが大切です。気のきいた言葉を述べる必要はありません。

火葬場から戻ると、精進落としでお世話になった人たちの労をねぎらいます。誰もが疲れているので長々としたあいさつは禁物。簡潔に行うのもマナーです。

葬儀後、葬儀で特にお世話になった人たちには、後日、喪主または代理人があいさつに出向くこともあります。

ここでも、お礼の気持ちや今後も力添えを賜りたい旨を誠実に述べるようにします。

お悔やみへの返礼

一般的なお悔やみへの謝辞

◎本日はお忙しいなかお越しくださいまして、誠にありがとうございます。故人に代わりまして、お礼申し上げます。

◎さっそくのお悔やみ、ありがとうございます。

◎ごていねいなお悔やみをいただき、恐縮でございます。生前はひとかたならぬお世話になりました。厚く御礼申し上げます。

◎本日はお忙しいところお運びいただき、ありがとうございました。生前のご厚情には、故人もたいへん感謝しておりました。故人に代わりまして、厚く御礼申し上げます。

●式の準備中や読経の前などは、弔問客の応対を世話人など別の人にまかせても失礼になりません。

●言葉は少なくても、気持ちは十分に伝わるはずです。

●感情が高ぶったり、涙がこぼれそうになったりして口を開くのが難しいときは、気持ちを込めておじぎをするだけでもかまいません。

香典・供物をいただいたとき

◎恐れ入ります。ありがたく、供えさせていただきます。
◎お心遣いいいただき、ありがとうございます。さっそく供えさせていただきます。

手伝いを申し出られたとき

〈手伝いをお願いする場合〉
◎恐れ入ります。とても助かります。よろしくお願いいいたします。
◎ありがとうございます。お言葉に甘えて、お世話になります。よろしくお願いいたします。さっそくですが、会場の案内をお願いしてもよろしいでしょうか？

●人手が必要なときは申し出をありがたく受けます。お礼とともに、手伝ってほしいことを具体的に伝えるとよいでしょう。

〈手伝いを断る場合〉
◎お心遣いをありがとうございます。今のところ手が足りております。お気持ちだけお受けいたします。
◎ご親切にありがとうございます。通夜も葬儀も葬儀社にお願いしておりますので、なんとかなりそうです。お心遣いいいただき、恐れ入ります。

●人手が足りていれば、断って構いませんが、申し出てくれたことへの感謝の気持ちを必ず伝えましょう。

喪主のあいさつ

以下のページでは、さまざまなケースでの通夜後と告別式でのあいさつ文例を紹介します。文例は亡くなった方と話し手の組み合わせを18通り用意しました。ご自分の言葉を使ってアレンジしてお使いください。

あいさつの流れ（告別式）

弔問のお礼
↓
亡くなったときの状況や理由
↓
故人のエピソード
↓
生前のご厚誼へのお礼
↓
結び

喪主のあいさつ（通夜後）

事故死した母の通夜で（六十代）

四十代　男性
長男

弔問のお礼
亡くなった理由
通夜ぶるまいの案内
葬儀の案内

本日はご多忙の中、母圭子の通夜にお越しいただきまして、誠にありがとうございます。私は長男の宏でございます。

❶母は昨日、通っていたフラメンコ教室で踊っていた最中、ドレスの裾を誤って踏んでしまい転倒したときに頭を強く打ち、そのまま昏睡状態に陥りあっけなく旅立ってしまいました。母は「死ぬときに辛い思いや苦しい思いはしたくない。気付いたら死んじゃっていたいわ」と冗談交じりに話しておりました。悲しみや淋しさを無視することはできませんが、この形こそが母の本望であったと思いたいです。

生前、親しくしていただいたみなさまのご厚情には、母に代わりまして厚くお礼申し上げます。ささやかではございますが、別室に簡単な食事の席をご用意いたしました。母との思い出を偲びながら、お召し上がりいただければと思います。

❷また、葬儀は明日の午前十時より銀山寺にて行われる予定です。ご多忙中とは思いますが、ご都合がつきましたらぜひ見送っていただきたく存じます。

本日は誠に、ありがとうございました。

❶ 亡くなった理由を簡単に語る

故人が急逝した場合などでは、弔問客も驚いています。亡くなった理由を簡単に説明するとよいでしょう。

❷ 葬儀等の案内をする

あいさつの最後に、葬儀や告別式の案内をするのもよいでしょう。

喪主のあいさつ（通夜後）

病死した夫の通夜で（四十代）

四十代　女性
妻

弔問のお礼

本日はご多用中のところを、夫・栄一のためにお集まりいただきまして、誠にありがとうございます。たくさんの方にご弔問いただき、夫もさぞ喜んでいることでしょう。

夫が病に倒れたのは八年ほど前になります。倦怠感が強く熱っぽさが続く日々におきまして、腰の重い夫に診療を勧めた結果、予断許さぬ状況と診断をされ、すぐさま入院した先には過酷な闘いが待っておりました。その後、一度は全快に至り、日常生活を取り戻すことができました。ですが、私も夫も心のどこかでは病魔の影をぬぐい去ることはできず、その分、今が全てという思いで、一瞬一瞬を大切に過ごすことを心がけておりました。再び入院するまでの数年間の日々は、お互いを慈しみ、尊び、幸せに充ち溢れた、何物にも代えがたい宝物のような時間でございました。私たちは夫婦二人だけの暮らしだったため、夫は残される私の身を案じて、少しずつ、優しく、覚悟を強いていたんだろうと思います。

通夜ぶるまいの案内

今はまだ、そばに夫がいてくれる気がしてなりません。別室に食事をご用意いたしましたので、みなさまもどうか、今夜は夫の思い出を偲びながら、お召し上がりいただければと思います。本日は誠にありがとうございました。

全てを語らなくてもよい

悲しみで言葉が詰まる場合もあります。そのようなときは、お礼と案内を述べるだけでも構いません。

喪主のあいさつ（通夜後）

事故死した息子の通夜で（十代）

四十代　男性
父

弔問のお礼　生前の厚誼へのお礼　お開きの言葉　葬儀・告別式の案内　結び

みなさま、本日はお忙しいところ、三男・俊哉のためにお集まりいただき、誠にありがとうございました。おかげさまをもちまして、無事に通夜を済ませることができました。

本日、皆さまがたよりお話をうかがうにつけ、生前、俊哉が多くの方々にお世話になり、温かく見守っていただいていたかを知ることができました。今日、皆さまにお会いできたことを、俊哉も喜んでいることと思います。息子に代わり、厚く御礼申し上げます。

お話は尽きませんが、だいぶ夜もふけてまいりましたので、この辺でお開きにさせていただきたく存じます。❶どうぞお気をつけてお帰りくださいませ。

なお、明日午後一時より満願寺にて告別式を予定しております。お忙しいとは存じますが、ご都合がつきましたらお見送りいただきたく、お願い申し上げます。

本日は誠にありがとうございました。

帰り道への気を配る

❶帰り道への気配りを入れるのもよいでしょう。

喪主のあいさつ（通夜後）

病死した学園理事長の通夜で（七十代）

四十代　女性
秘書（葬儀委員長）

弔問のお礼

本日は、学校法人夕陽丘学園理事長、故・松平聖子の通夜にご弔問くださいまして、誠にありがとうございます。私は故人の秘書を務めておりました兵藤有美と申します。ご遺族およびご親戚の方々に代わりまして、厚くお礼申し上げます。

亡くなった状況、葬儀・告別式の案内

命日となった四月二十八日の朝、故人は院内の花壇近辺を散歩している最中、前日の雨で濡れたワスレナグサを見つめ、一首お詠みになりました。

別れ惜し　花の命の　儚さよ　天の恵みの　涙そぼるる

まるで出発を予感していたかのような、切なくも美しい歌でございました。そして、その日の午後、ご家族と教え子たちが見守る中、静かに息を引き取りました。

本日は、別室に酒肴をご用意しております。そちらには故人が最期に詠み上げた歌に縁りまして、ワスレナグサの花を飾ってあります。花言葉に懸けるようではございますが、今宵はどうか、みなさまで故人の思い出話に花を咲かせていただければと思います。なお、明日の葬儀は午前十時三十分より執り行われます。ご都合許しましたらご参列くださいますよう、お願い申し上げます。

結び

最後になりますが、❶残されたご遺族に対しましては、今後とも変わらぬご支援のほど、よろしくお願い申し上げます。本日はありがとうございました。

遺族を思いやる

❶葬儀委員長として、遺族のことを思いやる言葉を述べるとよいでしょう。

喪主のあいさつ（告別式）

自死した娘の告別式で（十代）

四十代　男性
父

弔問のお礼
亡くなった理由

藤田家を代表いたしまして、ご挨拶を申し上げます。

❶みなさま、本日は長女・奈美の告別式にご参列いただきまして感謝いたします。

みなさまもすでにご承知のことと存じますが、❷奈美は八月三十日、自ら十四年の若い命を絶ち、この世を去りました。

奈美は自ら命を絶つその理由を、ついに私どもに明かしてくれませんでした。ごく短く別れの言葉と感謝をつづった遺書はありましたが、結局、原因はわかりませんでした。さらに先ほど、みなさまから温かい弔辞を戴き、お友達たちが奈美の死を悲しんでくださる言葉を聞き涙を拝見していると、私は、どうして娘が死を選んだのかまったく分からなくなってしまいました。

確かに最近、奈美は何となくふさぎ込んでおりました。しかし、気にした私が「元気ないんじゃないかい？」と尋ねたときには、「元気よ、父さん。私が元気じゃないときなんかないでしょう」と明るく笑ってくれたので、私は安心してしまいました。いや、安心したかったのでしょう。明るい言葉の裏にあった娘の苦悩に気づいてやれなかったなんて、なんと愚かな父だったのでしょうか。妻ともども親として情けなく、悔やまれてなりません。娘は優しい子でしたから、私どもに心配をかけ

最初にお礼を述べる

❶告別式に参加していただいたお礼を、最初に述べます。

死因について述べる

❷故人の死因は簡単に説明します。あまり詳しく語ることは避けましょう。

まいとして何も話してくれなかったのでしょう。しかし、私はあえて言いたい。「奈美、それは本物の優しさじゃなかったんだよ」と。

私どもは奈美の両親です。心配させてほしかった。一緒に悩ませてほしかったのです。もちろん、いまさらこんなことを申しても何の助けにもならないと承知しておりますが……。せめて今は、奈美の魂が平安を得て安らかに眠ることを祈るのみです。

エピソード

奈美の夢は動物看護士になることでした。その夢に向かって、着実に歩んでいると思っていましたのに残念でなりません。幼いころから動物が大好きで、捨てネコを拾って来たり、ウサギやイヌを飼ったりと身の回りに動物がいなかったことはありません。今いるイヌのゴンタも誰よりも奈美になついていましたから、今、急に愛する主を失い耳を垂れてここ数日、元気をなくしております。

同級生のみなさまに申し上げます。悩み、苦しんでいることがあったら、必ずご両親に打ち明けて相談に乗ってもらってください。親に黙ったまま死を選ぶなどということは、絶対にしないでください。子どもに頼りにされるのは、親にとって何よりの喜びなのです。悩みを共有できるのは、子どものことを心配できることは親の特権なのです。そして、子どもを失うということは親にとって何よりの苦しみなのですから。

結び

取り乱しておりますため、失礼なことも申したかもしれません。お許しください。本日はご会葬、まことにありがとうございました。

喪主のあいさつ（告別式）

病死した娘の告別式で（二十代）

五十代　男性
父

弔問のお礼

亡くなった理由

みなさま、本日は故・杉田里奈の告別式にご会葬たださきまして、誠にありがとうございます。私は里奈の父の陽一でございます。

❶生前は里奈が大変お世話になりまして、ありがとうございます。また、入院中は同僚の方やおともだち、高校時代の恩師の先生など、ご関係者の大勢の方に励ましやお見舞いに訪れていただきまして、家族一同、心からありがたく思っております。

みなさまご存じの通り、里奈は三日前、乳がんが原発のがんの転移で亡くなりました。初めて里奈が自分で胸部の異常に気づきましたのは三年前でした。気丈な娘は一人で病院に出かけて行きました。すぐに私たち両親がお医者さんに呼ばれ、乳がんとの告知を受けましたが、里奈は「今どき、がんは死の病とは限らないから」と、自室のデスクの前に「乳がんに負けないぞ！」と書いた紙を貼り闘病を始めました。幸い、そのときは病巣を手術で除去でき元気に退院したのですが、三年後の今年、肺への複数の転移が見つかってしまいました。それでも里奈は、わが娘ながら感心するほど明るく、全力を尽くしてがんと闘いました。しかし、さすがに最後の方では、母親に「つらい」とか「もういい」などという言葉を口にしていたようです。

生前のご厚誼へのお礼を述べる

❶故人が生前お世話になった方々に対してお礼を述べます。

エピソード

里奈は、七年前、かねて志望していましたインテリアコーディネーターという仕事に就くことができ、非常に張り切って社会に出ていきました。私どもから見ると時間的にはきつい面もあったようですが、本人は非常に張り切って、やりがいがあると嬉々として仕事をしておりました。最初のときも今回も、入院中は仕事のことを気にしておりましたし、病室でもインテリアの雑誌を離すことはありませんでした。里奈の人生は二十七年間という短いものでした。しかし、みなさまのようなよき仕事仲間や友人、恩師に恵まれて、非常に豊かで幸せな人生だったと思っております。本当に感謝しております。

わずか二十七歳という若さで娘を失う悲しみは、とても言葉では言い表せません。しかし、里奈は私たちがいつまでも悲しみに沈んでいるのを喜ぶとは思えません。悲しみから立ち上がり、祖父母と妹の真菜とも家族が力を合わせ、支えあって、里奈の冥福を祈ってまいりたいと思っております。

どうか、ここにいらっしゃるみなさまは、一度しかない人生を、里奈の分まで精いっぱい生きていただきたいと思います。それが何よりの里奈への供養になると信じております。そして老婆心ながら、若いからと安心せずに、がん検診はぜひ、定期的に受けていただきたいと思います。里奈ががんを克服できなかったのは、やはり最初の発見が遅かったことが大きいようですから。

結び

簡単ではありますが、これでご挨拶とさせていただきます。❷ありがとうございました。

最後にお礼を述べる

❷最後に再びお礼の気持ちを表し、結びの言葉とします。

喪主のあいさつ（告別式）

事故死した息子の告別式で（二十代）

四十代　女性
母

弔問のお礼　亡くなった理由　エピソード

みなさま、突然のことながら、お忙しいところ、また本日はお足もとが悪いなか、長男・新太郎の葬儀にご参列くださいまして、ありがとうございます。このようにたくさんの方にお集まりいただきまして、また、心のこもった弔辞を戴きまして新太郎も感謝していることと存じます。

新太郎は三月二十日、大学の仲間と出かけました卒業記念のバイク旅行中に、事故に遭い、他界いたしました。❶大学の同級生の多くが海外旅行など優雅な卒業旅行に出かけるなか、息子と二人の友達は「学生時代は貧乏旅行でいいんだ。お金を稼げるようになったら、おふくろを海外旅行にでもどこにでも連れて行くからね」と言って、笑顔でバイクにまたがって出かけました。その費用も、愛用のバイクを買ったお金も、自分でアルバイトをしてそのお金を貯めたもので賄っておりました。

私が新太郎と二人きりで暮らすようになって、十四年がたちました。多感な時代を母一人子一人、さびしい思いをしてきたと思います。私は家計のお金を稼ぐのが精いっぱいでしたから、母親らしいことはほとんどしてやれませんでした。新太郎は男の子として、父親がいたら相談できたにと思ったこともあったでしょう。それでもあの子は愚痴一つ言わず明るく、部活に勉強に、そして高校生になってからは

故人との思い出話を語る

❶故人の人柄が伝わるような思い出話を紹介するとよいでしょう。

バイトにと、頑張ってくれました。私もやっと苦しい時期はそろそろ終わりだなと、一息ついたところでございます。

また、すでにＩＴ関連の会社への就職が決まっており、自分の好きなことを仕事にできると喜んでおりました。社会人としての希望と夢と、そしてちょっぴりの不安に大きく胸を膨らませていたことと思います。そうしたこれから先の人生が突然に断たれたことは、運命と考えることしかできません。

今、目を閉じますと、バイクにまたがって手を振ったときの笑顔が鮮やかに浮かびます。あきらめ切れない思いに加えて、これから一人、どうして生きていってよいのやら、途方に暮れております。それでも、みなさまからの弔辞や私への励ましの言葉を伺っておりますうちに、私は自分一人で新太郎を支えてきたのだと思ってきましたが、実は新太郎は心温かい大勢の方々に囲まれ、支えられて生きてきたのだと心休まる思いでおります。❷そしておそらく今後の私も、大勢の方に支えられて生きていけるのだと考えることができるようになってきております。

生前の厚誼へのお礼

ここに改めまして、生前のみなさまのご厚情に対し、心から御礼を申し上げます。新太郎と親しくおつきあい下さいましたみなさま、どうぞ新太郎の分まで長く生き、大きくご活躍くださいませ。そしてたまには、新太郎のことを思い出してやってください。

結び

最後までのお見送り、本当にありがとうございました。

前向きな言葉を述べる

❷弔問に来た方々に、前向きな言葉を伝え、生きていく決意を語ります。

喪主のあいさつ（告別式）

病死した次男の告別式で（二十代）

五十代　男性
父

弔問のお礼　亡くなった理由　エピソード

本日は、次男・幸人のためにお集まりいただきまして、誠にありがとうございます。❶たくさんの方々に見送られ、また先ほどはあたたかな弔辞をいただきまして、幸人も喜んでいることだろうと思います。次男に代わりまして、一言ご挨拶させていただきます。

みなさまご存じの通り、幸人が病に倒れましたのは今から五年ほど前のことでした。社会人三年目を迎え、ようやく学生臭さが抜け始めた、これからというときでございました。まさに青天の霹靂と申しますか、告げられた病名の重さに家族全員、うろたえずにはいられませんでした。そんな中、次男の勤め先のみなさまにおきましては、社長をはじめ、上司、同僚の方々に普通では考えられないほど融通を利かせていただき、誠にありがとうございました。快いサポートと励ましのおかげで、家族一丸となって病に立ち向かうことができたのだと思います。

三人兄弟の真ん中で育った幸人は、幼いころからとても聞き分けの良い息子でした。自分の意見を強引に押し通すようなことはなく、周囲に流れをゆだねる形で家族のバランスを取ってくれていました。今思えば、我慢していたこともたくさんあったのでしょうが、闘病中も決して弱音を吐かず、ときにおどけるようにふるまい

弔辞や焼香のお礼を述べる

❶参列していただいたことへのお礼とともに、弔辞や焼香に対するお礼を述べるのもよいでしょう。

生前の厚誼へのお礼

ながら、我々に心配をかけまいと健気に闘っておりました。

そんな幸人が三度目の再発で入院したとき、病院のベッドの上で絞り出すように「もう疲れた」とこぼしたときには、心臓がつぶれるような思いでした。幸人は「死にたくない。でももう頑張りたくない。なんで俺ばっかり」……。そう言って号泣しました。❷親として同じ立場にいる方々はみなそう思うでしょうが、代わってやれるものなら心底代わってやりたかった。ただ慰めるしかできない、己のふがいなさをこれほどまでに痛感したことはありませんでした。しかしながら、幸人の本音を聞いた後は、存分に家族に甘えることをさせてやれたと思います。

また、入院中お見舞いに来てくださったご友人のみなさま方におきましては、心よりお礼申し上げます。家族の前では見ることができない幸人の表情を見ながら、我々の預かり知らないところでの成長を感じ取っておりました。そして、多くの方々に囲まれ、愛されていた幸人の人生が、豊かで幸せなものであったことを実感いたしました。

結び

これより先は、幸人の存在を心に宿しながら、彼に恥じることのない人生を家族全員で歩んで行きます。みなさま、本日は最後までお見送りいただき、誠にありがとうございました。

率直な気持ちを述べる

❷遺族や親としての率直な気持ちを述べてもよいでしょう。ただし、あまり長くならないように注意します。

喪主のあいさつ（告別式）

病死した妻の告別式で（四十代）

四十代　男性
夫

亡くなった理由
弔問のお礼

みなさま、本日はご多用のところ、また秋とはいえこのように暑いなかを、妻・大橋美奈子の葬儀・告別式ご会葬、ご焼香を賜りまして、まことにありがとうございます。

妻は九月十五日、緑ヶ丘病院にて、卵巣がんのため四十八歳で旅立ちました。直接の死因は卵巣がんでしたが、それ以前にも子宮がんなどいくつかのがんで入退院を繰り返しており、全身がかなりひどい状態になっておりました。

四十八歳といえば非常に早い死で、もちろん無念この上ないことでありますが、一方で妻の苦しく長い闘病をそばで見ていた私から見ますと、やっと安らかに眠れるときが来たのだと、少しほっとしているのも事実でございます。あの痩せて小柄だった美奈子が、むくんで、腿などかつての彼女のウエストぐらいの大きさになり、歩くのもやっとという状態を見ていましたから、最期のベッド際で私は「もういいよ。よく頑張った。静かにお眠り」と声をかけました。❶どうか皆さまも、早すぎる死を悼むだけでなく、がんとの闘いの健闘ぶりに拍手を送っていただければと思います。

ご存じの方も多いと思いますが、妻の趣味は籐でかごやマガジンラックなど、さ

故人の闘病をねぎらう

❶故人の頑張りを褒めてあげるのもよいでしょう。看病に対して、「疲れた」などという言葉を使うのはＮＧです。

エピソード

まざまなグッズを作ることでした。週末など、私が外出から家に帰ると何人かの仲間が集まって、楽しそうに籐のグッズを作っていることがあり、そんなときの美奈子は病気を抱えているとはとても思えないほど明るい笑顔でした。晩年は周囲の皆さまからも褒めていただけるほど上達しておりました。元気だったら、籐の家庭用品を作るための教室を開くことが夢だったようです。今でも家のあちこちに美奈子が作ったものが置かれており、私たちはそれをよすがに妻を偲ぶことができます。

妻の心残りが二人の息子の行く末であることは疑いもありません。海外出張が多く留守がちだった私は、息子たちの教育に父親らしいことはできませんでした。しかし、幸い息子たちも二十歳を過ぎており、最低限の親の務めは果たし終えたと思っています。今回の母親の死に際しても、息子たちは覚悟をしていたとはいえ、最期には母親に感謝の言葉を捧げ、愛を伝えておりました。病弱の体で本当にここまでよく育ててくれたと、心から感謝しております。

生前の厚誼へのお礼

みなさまには美奈子が生前から大変お世話になりまして、また親しくご厚誼いただきまして、本当にありがとうございました。私どもはこれから男三人の生活になりますが、美奈子は三人が元気で頑張り、いずれは息子たちが幸せな生活を築くことを心から願っていると思いますので、その遺志を継いで強く生きていきたいと思っております。❷どうか私ども遺族に対しましても変わらぬご厚情を賜りますよう、お願い申し上げます。

結び

本日はごていねいなお見送り、誠にありがとうございました。

遺族への支援をお願いする

❷今後の遺族への助力をお願いします。

喪主のあいさつ（告別式）

病死した妻の告別式で（六十代）

七十代　男性
夫

弔問のお礼

亡くなった理由

エピソード

❶本日は、お足元の悪い中、妻、北島美子の告別式にご参列、ご焼香いただき誠にありがとうございました。おかげさまで、無事に式を終了することができました。これもひとえに、皆さまのお力添えがあってこそと深く感謝しております。本人も喜んでいることと思います。

妻、美子は、桜の花が散り始めた四月十日、家族が見守る中、静かに息を引き取りました。半年前の秋に、すい臓にがんが見つかってから、駆け足で走るように病状が悪化していきました。入院先の先生方の手厚い治療は実らなかったものの、苦しまずに静かに笑顔で旅立ちました。

❷妻は、笑顔を絶やすことのない女性でした。仕事にかまけて、家のことはまかせっきりだったにもかかわらず、生来の明るい性格もあってか、何があっても私にはいっさい愚痴をこぼさずにいました。娘は、お父さんは気がつかなかっただけといいますが、私が仕事に専念できるようにと、心配をかけないようにしていたに違いありません。

私が昨年、定年退職し、長女長男ともに就職できまして、子供たちにはまったく手がかからなくなったこともあり、これからは二人で旅行などに行こうと計画を立

弔問への感謝を伝える

❶葬儀や告別式の日が天候不良だった場合、「お足元の悪い中」「お寒い中」などの言葉を添えて弔問客へ感謝します。

家族での普段の様子を語る

❷家族ならではのエピソードを語ることで、内容に温かみが増します。

生前の厚誼へのお礼

結び

ておりました。妻も本当に楽しみしていただけに残念でしかたがありません。もっと早く、妻を旅行に連れて行ってやってればと後悔しています。しかし、ここで、残念な顔をしては、笑顔で旅立った妻に申し訳ありません。私も笑顔で送り出したいと思っています。

妻は、趣味のテニスや手芸を通して、多くの方にかわいがっていただいていたことが、ご会葬の方々のお顔を拝してよくわかりました。本当にありがとうございました。

妻になり代わりまして、御礼申し上げますとともに、今後もご厚誼くださいますようお願い申し上げます。

最後になりましたが、ご参列いただきました皆さまのご健康とご多幸をお祈りいたしております。

本日はありがとうございました。

これにて私からのご挨拶とさせていただきます。

●通夜ぶるまいの省略●

粗供養品を代わりに

最近では、通夜ぶるまいを行わず、代わりとして弔問客に粗供養品を渡すことが増えてきています。

品物として一般的なものは、折り詰めや清めの酒、お茶、砂糖などですが、商品券やビールを渡す場合もあります。

弔問客に知らせる

弔問客には、式が一通り最後まで進んだところで、通夜ぶるまいの用意がない旨を伝えるとともに詫びて、式を締めます。

通夜ぶるまいを行わない理由を述べる必要はありません。

粗供養品を用意している場合は、その旨を合わせて伝えます。

喪主のあいさつ（告別式）

事故死した父の告別式で（五十代）

二十代　男性
長男

自己紹介

弔問のお礼

亡くなった理由

エピソード

❶私は、故人の長男で健吾と申します。遺族を代表しまして、ひとことご挨拶を申し上げます。

皆さま、本日は、お忙しいところ、父・南川勇作の葬儀、告別式にご参列賜り誠にありがとうございます。このように大勢の方にお集まりいただき、また温かい弔辞を頂戴しまして、故人も大変喜んでいることと思います。

急なことでございました。父は、去る、八月二十二日の夜、交通事故に見舞われました。あの慎重な父が、車の運転中に事故を起こすなど、今でも信じられないことでございますが、あの大雨の中では仕方のないことだったのではと自分自身に言い聞かせております……。

ただ、人を傷つけずに、自らが逝ってしまったことは、父らしいなとしみじみと感じている次第です。

父は、息子の私に「なにをしてもいい。ただし、人の迷惑になること、人を傷つけることだけはするな」と口ぐせのように申しておりました。四十代で起業して、十年そこそこで、ここまで大きな取引を皆様とやらせていただけたのも、父がこの口ぐせを実行してきたからだろうと信じています。

自己紹介をする

❶あいさつの前に、自己紹介をするのもよいでしょう。

今後のお付き合いのお願い
結び
生前の厚誼へのお礼

❷誠実実直と言えば聞こえはいいですが、頑固な父でもございました。自分の信念を貫き通すことができたのは、ご迷惑をおかけしながらも、皆様が温かく見守ってくださったからだとも思っています。本当にありがとうございました。故人になり代わりまして、厚く御礼申し上げます。

父が作った会社は、まだまだ、発展途上にございます。今後は私が父の遺志をついで努力していきたいと考えています。

私も、父のように、誠実実直に生きていきたく存じます。まだまだ未熟者ではございますが、亡き父同様、ご厚誼のほどお願い申し上げます。

最後になりましたが、ご参列いただきました皆さまのご健康とご多幸をお祈りいたしております。

本日は、ご会葬、誠にありがとうございました。

これにて、私からのご挨拶とさせていただきます。

温かみのある言い回しをする

❷故人の性格についてなど、温かみのある言い回しを用いることで故人への愛情を表現することができます。

●香典返し（その1）●

香典とは、香の代わりに供えるお金のこと。葬儀費用に対する相互扶助の意味合いが強く、本来はお返しは必要のないものでした。しかし、近年では「香典返し」は一般的な習慣となっています。

香典返しをしない場合

生計を担っていた世帯主が亡くなったケースでは、香典返しを省略して生活費や遺児の養育費にあてても失礼にはあたりません。また、故人の遺志などにより、香典を福祉施設やボランティア団体などに寄付する場合も、香典返しは省略することができます。

香典返しをしない場合、忌明けのあいさつ状を送り、香典の使い途等を書き添えておくのが礼儀です。

香典返しの選び方

「香典返しは半返し」と言われます。最近では、香典でいただいた金額の二分の一から三分の一に相当する品物を返すのが一般的です。具体的には、タオル、石けん、お茶やコーヒーといった消耗品を贈ることが多いようです。

喪主のあいさつ（告別式）

病死した父の告別式で（七十代）

三十代　男性
長男

自己紹介
故人、中田義勝の長男、義人でございます。

弔問のお礼
本日は大変お寒い中、遠路、ご会葬いただき、誠にありがとうございます。また、心のこもった弔辞を賜り、父もさぞかし喜んでいると思います。
おかげさまで、葬儀・告別式は滞りなくすみ、出棺の運びとなりました。これもひとえに皆さまのお力添えがあったからこそと、心より感謝申し上げます。
遺族を代表して一言、ご挨拶申し上げます。

亡くなった理由
父は、大きな病気は何一つなく、本当に壮健でありました。若い頃から健康には人一倍自信を持っていたと、父自ら語っていたくらいでした。
ところが一カ月ほど前、カゼをこじらせて肺炎を起こして生涯で初めての入院でしたが、お医者様の総力を挙げての治療もむなしく、二月十日深夜、家族が見守る中、帰らぬ人となってしまいました。しかし、ほとんど苦しむ様子もなく、眠るような静かな最後でした。

エピソード
❶父は、六十歳の定年後ヤスダ商事で五年間、顧問として勤務させていただき、充実した人生を送っていたと思っております。仕事人間であっただけに、ヤスダ商事の皆様のことを、家族や兄弟のように思っており、退職後も皆様がそのようにお付

個別にお礼を伝える

❶生前、故人が特にお世話になった方々に対しては、具体的にその内容を伝えるとともに勤務先などの固有名を出してお礼を伝えてもよいでしょう。

今後のお付き合いのお願い
結び
生前の厚誼へのお礼

き合いくださったことをとても喜んでいました。
また、❶完全に退職した六十五歳からは、町内会や老人会の役員をやらせていただき、それまでとは違ったお付き合いでとても新鮮で楽しい日々だったようでございます。町内会の方々には、生活上の身近なことや趣味をご一緒できることをとても喜んでおりました。
❶皆さまには、生前よりたいへんお世話になりまして、本当にありがとうございました。父に代わりましてあらためて御礼申し上げます。
私たち子供たちは、それぞれ仕事の関係上、離れたところに住んでおり、今しばらくは母一人が現在の家に住むことになります。❷ご近所の方には何かとお世話をおかけすると存じますが、何卒よろしくお願い申し上げます。
最後に、皆さまのご健康とご多幸をお祈りいたしまして、お礼のご挨拶とさせていただきます。
本日はお見送りありがとうございました。

今後の支援をお願いする

❷親が一人残された場合などでは、ご近所の方に変わらぬお付き合いをお願いするとよいでしょう。

●香典返し(その2)●

香典返しの時期

仏式では四十九日の三十五日の忌明け後にあいさつ状を添えて送ります。神式では五十日祭が終わったあとに送ります。キリスト教式は本来香典返しの習慣はありませんが、一か月後の命日に合わせて贈ることが多いようです。

表書きは、共通で使えるのが「志」で、白い奉書紙をかけ、水引を結び切りとします。

仏式では表書きは「忌明志」で、水引は黒白かグレーとします。

神式では表書きは「偲草」とし、水引は銀か白。

キリスト教式の表書きは「記念品」または「志」で、水引は銀が一般的です。

即日返し

最近は、儀礼を簡略化でき、弔問客に直接手渡せるので心のこもったお礼ができるという考え方から、通夜や告別式の当日に香典返しを渡す「即日返し」が増えてきています。

即日返しでは、いただいた香典の額に関係なく、弔問客に同じ品物を返すことになりますが、失礼にはあたりません。多額の香典をいただいたなど、どうしても気になる場合は、忌明け後にそれに見合った品物を贈ってもよいでしょう。

喪主のあいさつ（告別式）

病死した母の告別式で（四十代）

二十代　女性
娘

自己紹介　弔問のお礼　亡くなった理由　エピソード

本日は、お足元の悪い中、また遠路はるばる、母・佐藤とも子の葬儀、告別式にご出席いただき、厚く御礼申し上げます。私はとも子の娘、鈴木早苗でございます。

おかげさまで、葬儀ならびに告別式を滞りなく執り行うことができました。これもひとえに皆様さまのお力添えがあってこそと、深く感謝しております。

母は、四十歳のときに乳がんの手術を受け、本人も私も完治したかと思っておりました。しかし七年ほどたった昨年、転移が見つかり、がんが再発しました。病院の先生方の懸命の治療の甲斐なく、八月十日、大好きなひまわりの花を見ながら息を引き取りました。

母・とも子は、三十代で夫でもある私の父が病死したため、それ以後は母一人子一人の母子家庭で私を育ててくれました。

❶母子家庭では、財産を残すすべがないから、せめて教育だけでも身につけさせたいといって、私を大学まで出させてくれました。

女手一つで子供を育てること自体大変なのに、大学まで出させてくれた母には感謝の気持ちでいっぱいです。

三年前、私が大学を卒業し、これからは親孝行の真似事でもしたいと思っていた

故人の人柄に触れる

❶故人の人柄が伝わるエピソードを語るとよいでしょう。

結び　今後のお付き合いのお願い

矢先のことで、残念でたまりません。病気の身でありながら、私を育てるために無理があったのかなと思うと、申し訳なくていても立ってもいられません。

しかしだからと言って、私が嘆き悲しんでいても、母が喜ばないのは重々承知しています。母が、私に期待していたこともよくわかっているつもりです。

❷母に唯一、親孝行ができたのは、昨年、私が結婚したことかもしれません。結婚式の前日、涙を流して喜んでくれました。孫の顔を見せられなかったのは残念ですが、私はこれからも幸せに生きていきます。

お母さん、天国から見守ってください。

ご参列の皆様、今後も母同様、ご厚誼のほどをお願いします。また、母の代わりにご叱責くださることもお願いいたします。

最後に母に代わりまして、皆さまのご健康とご多幸をお祈りし、お礼のご挨拶とさせていただきます。

また本日はこのような大雨の中、最後までお見送りいただき、誠にありがとうございました。

遺族の前向きさを伝える

❷悲しみを伝えるだけではなく、前向きさが感じられる話題も語るようにします。

●胎児が死亡したとき●

妊娠四カ月以降の胎児を死産したときには、死産を確認した医師か助産婦に死産証書（または死胎検案書）の作成を依頼し、死亡届に添付して提出します。

生後間もなく死亡したときは、出生届を提出してから、死亡届を提出します。

喪主のあいさつ（告別式）

病死した母の告別式で（六十代）

三十代　男性
長男

自己紹介
鈴木光子の長男、和雄でございます。

弔問のお礼
本日は、暮れも押し詰まったお忙しい中、母の葬儀、告別式へ多数の皆様にご参列、ご焼香賜わり、誠にありがとうございます。おかげさまをもちまして、つつがなく式を終了することができました。

❶また先ほどは、温かい弔辞をいただきまして、故人も草葉の陰から喜んでいることと思います。

亡くなった理由
母は、十日前に、強い頭痛を訴えたために山田総合病院へ入院しました。そして、入院中に頭部の動脈瘤が破裂し、意識が無いまま、三日前の十二月二十七日に逝去いたしました。

エピソード
実は、母はたいへん丈夫なたちで、お産以外で入院したことがありませんでした。初めての入院が最期の入院になりました。また、我慢強い母がみずから病院へ出かけたのですから大変な痛みだったと思いますが、まさかそのまま召されてしまうとは夢にも思っていなかったと思います。自分でも思いがけない最後に、やり残したことがあったのにと悔やんでいるかもしれません。

私たち兄弟は、一昨年の父に続いて母も亡くしてしまうことになり、とまどって

定型的な表現も交ぜる

❶「故人も草葉の陰から～」などのきまり文句的な表現も温かみをもって伝わることがあります。

結び　今後のお付き合いのお願い

おります。
しかし、父が亡くなったときは、母が気丈に何事も処理していきました。私たちも悲しんでばかりはいられません。母に安心してもらえるよう、兄弟が仲良く生きていこうと思っております。
それが、母に、そして先に逝ってしまった父への親孝行だと思っております。
私たちは仲のよい親子だったと思っています。しかし、母の、そして父のすべてを知っているわけではありません。❷そこで、ご参列の皆様へのお願いでございます。お時間の許すときに、ぜひとも、生前の母や父のことを教えていただきたく思います。
生前のご厚誼への御礼とともに、お願いを申し上げて、兄弟、親族を代表しての喪主の挨拶とさせていただきます。
本日は、どうもありがとうございました。

参列者へのお願いを伝える

❷故人に関して参列者にお願いしたいことを語りかけてもよいでしょう。

●年賀欠礼状●

その年、二親等以内の身内に不幸があると、年内は喪に服すため、年賀状を出すのをひかえる習慣があります。それを知らせるのが年賀欠礼状(喪中はがき)です。

年賀欠礼状は遅くとも十二月初旬までには届くように送付します(十二月に不幸があったときは先方の年賀状の準備が済んでいることを考慮して年賀欠礼状を出さず、年が明けてから寒中見舞いはがきとして欠礼のご挨拶をする場合があります)。

送付する相手は死亡通知を出した方にとどめるのが普通です。

一般的な年賀欠礼状の文面は次のようなものです。

「喪中につき　年頭のご挨拶は控えさせていただきます。
本年◎月　母◎◎が永眠いたしました
生前賜りましたご厚情に深く感謝申し上げます」

喪主のあいさつ（告別式）

病死した祖母の告別式で（八十代）

三十代　女性
孫

弔問のお礼

本日はお忙しい中、祖母房子の告別式にご参列いただき誠にありがとうございました。人が集まることが大好きだった祖母の事ですので、大変喜んでいることと思います。遺族を代表いたしまして、一言ご挨拶をさせていただきます。

亡くなった理由

祖母は四月六日午後十三時二分、愛する夫の元へと旅立って行きました。❶その三日ほど前、急性肺炎で突然に倒れ病院へ運ばれたときには苦しそうな様子でしたが、息を引き取る際には眠るように安らかな表情でした。きっと、おじいちゃんが迎えに来てくれてほっとしたのだと思います。

エピソード

物心つく前に両親を亡くした私にとって、祖父母は父と母そのものでした。おおらかで優しいおじいちゃんと、気が強く行動的なおばあちゃん夫婦に育てられ、両親が他界しているということに引け目を感じることはありませんでした。

❷昨年の私の結婚式で、祖母は私の友人ひとりひとりにお酌をして回り、おしゃべりを楽しんでおりました。友人の間では「登美子のおばあちゃん、明るくて元気で最高だね！」と評判になっていたそうです。その話を聞いてとても誇らしい思いでした。

二年前、祖父が他界した折には、葬儀の場で一切の涙を流さず、背筋をピンと伸

故人の様子を伝える

❶故人が亡くなったときの様子を簡単に伝えます。

故人の人柄を伝える

❷具体的なエピソードを紹介して、故人の人柄を伝えるとよいでしょう。

ばして挨拶をした祖母の姿を思い出します。葬儀の後、「おばあちゃん、おじいちゃんいなくなって淋しいね」と語りかけた際に、祖母はようやく涙をこぼして「大丈夫、なるべく早く迎えに来てねって言っといたから」と笑顔を見せました。そして「おばあちゃんのときはあんたが挨拶するんだよ」と私の背中をバシっと叩いたのです。

どんなときでも気丈な祖母でしたが、私の両親が飛行機事故で亡くなったときばかりは心底ふさぎこみ、一週間ほど泣き暮れていたそうです。そのとき、幼かった私が「ばーば、なくのめーよ」と叱った事がきっかけで「この子に負けてられん」と立ち直ったと聞きます。私は覚えていませんが、祖父が目を細めながら「登美子はまず気が強い。ばーちゃんにそっくりだ」と語るたび、照れくさく嬉しい気持ちでいっぱいでした。

辛いときでも決して弱音を吐かず、「人生は七転び八起き」を信条にしていたおばあちゃん。これからは天国で、おじいちゃんと一緒に私の成長を見守っていてくれることと願います。いつの日か、私がおばあちゃんになったときには、祖母のようでありたいと強く思います。

結び

みなさま、本日は最後までお見送りいただき、ありがとうございました。

喪主のあいさつ（告別式）

病死した義兄の告別式で（四十代）

三十代　男性
義弟

吊問のお礼
自己紹介
亡くなった理由
エピソード

皆さま、本日はお忙しい中、故松山真一の葬儀・告別式にご参列いただきまして、誠にありがとうございます。

❶私は故人の義弟になります、辻本幸治と申します。本来であれば故人の妹である私の妻・良子からご挨拶申し上げるところですが、現在妊娠中につき心労の負担を懸念いたしまして、誠に勝手ながら私の方で親族を代表してご挨拶させていただきます。

この度は急なことで、私どもも、今だに心の整理がついておりません。あんなに元気だった義兄の姿をもう見ることができないとは、にわかには信じられない心持です。義兄は昨日、勤め先の中学校で授業の最中に脳梗塞を発症し、救急車で病院に運ばれましたが、そのまま目を覚ますことなく旅立ってしまいました。

義兄は亡くなる数日前にも妻に連絡を寄こし、「調子はどうだ。お腹の子は元気か」と身を案じておりました。独り身の義兄にとって我々の子どもは「わが子も同然」と、長男・次男の誕生の折にもかいがいしく世話を焼いてくれたものです。三人目の子どもが女の子だと分かったとき、誰よりも喜んでくれたのも義兄でした。

仕事熱心な人で、生徒や保護者の方々に大変に慕われていたと聞きます。受け持

自分の立場を説明する

❶本来読むべき人の代理としてあいさつをするときは、自分の立場を簡単に説明するとよいでしょう。

ちの生徒さんからは「早くお嫁さんもらいなよ」などとからかわれながらも「お前達の卒業を見届けたらな」と冗談めかしながら微笑んでいたそうです。

❷義兄が倒れたとき、その場にいた生徒のみなさまの冷静な判断と機敏な行動力のおかげですばやく病院に運ばれたと聞きました。私どもが駆け付けた際には、クラスメイト全員で「先生！　がんばって！」と声をかけてくださっていました。生徒のみなさまに見守られている義兄の姿を見て、若く、エネルギッシュな子どもたちに囲まれながら過ごしていた生活は、義兄にとってこの上なくかけがいのない日々であったと、痛感いたしました。

早すぎる別れに戸惑いの気持ちは隠せませんが、たくさんの教え子たちに慕われ、惜しまれながら見送られる義兄を誇らしく思うと同時に、これから産まれてくる新たな命とともに、我々も義兄の人生に恥じない生き方をせねばならないと、決意改まった次第であります。

結び

皆さまには、生前より承りましたご厚意に対し厚くお礼申し上げ、ご挨拶とさせていただきます。

本日は、誠にありがとうございました。

印象的な出来事を伝える

❷具体的なエピソードを紹介して、故人が多くの人に慕われていたことを伝えるのもよいでしょう。

喪主のあいさつ（告別式）

事故死した父の告別式で（七十代）

四十代　男性
長男

弔問のお礼

みなさま、本日は父武井幸次郎の告別式にご参列いただき、誠にありがとうございました。幸次郎の長男、智一と申します。親族を代表いたしまして、一言ご挨拶させていただきます。

亡くなった理由

父は一週間前の七月二十一日の夜半、乗っていた船が突然の嵐に見舞われ転覆し、そのまま行方不明となっておりました。嵐の翌朝、海岸に無人の船を発見したときは我が目を疑いました。漁師として半世紀以上、陸よりも海の上で過ごすことの方が多かった父です。私どもの中にも、まさか父に限ってという慢心がどこかにあったのかもしれません。その後、すぐに捜索を開始しましたが、なかなか見つけ出すことができず、ついには打ち切りになろうというその日に、沖を漂っている姿が発見されました。とてもよく晴れた、穏やかな海の日でした。

エピソード

辛い別れとはなりましたが、最期の姿を見ることがなければ、私たちはいつまでも父の死を認めることが出来なかったかもしれません。まだ幼かった頃、漁に出る父を心配そうに見送る私に、「父ちゃんは何があっても家族のところに帰ってくるぞ」と、大きな手で私の頭を撫でながら約束をしてくれました。父は最期までその約束を守ってくれたのだと思います。

生前の厚誼へのお礼・今後のお付き合いのお願い

結び

笑うときは豪快にワッハッハと大きな声を轟かせ、叱るときはめいっぱい怒鳴り散らし、飼っていた柴犬の太郎が死んでしまったときは人目もはばからずおいおいと泣き……息子の私から見ても、感情表現豊かな可愛らしい人でした。

しかしながら❶頑固な一面も持ち合わせており、私が漁師を継がずに進学をしたいと申し出たときは、三カ月ほど口をきいてもらえませんでした。受験が終わり志望校の合格が決まりようやく、「よくやった。根性見せたな」と労ってくれました。その夜の食卓に並んだ尾頭付きの鯛の味は一生忘れないでしょう。父が朝一番に漁に出て獲ってきたものを、自ら捌いてくれた鯛でした。

❷いつだったか、「海に出るときはいつも覚悟を決めている」と、酔った席で語ってくれた父を思い出します。普段の様子からは窺うことのできない、真剣な、淋しそうな横顔でした。これが、海で生きる男の覚悟なのだと切ない思いが込み上げたものです。思わぬ形での別れとなりましたが、父は海での人生を立派に生き抜いたのだと思います。

最後に、父の生前、親しくお付き合いくださいましたみなさま方には、心よりお礼申し上げます。今後も変わらぬご厚情を賜りますよう、お願い申し上げます。

本日はお見送り、誠にありがとうございました。

印象的な思い出を語る

❶親子ならではの印象に残っている出来事を語るとよいでしょう。

故人の人生観を伝える

❷故人の人生観や考え方を伝え、人柄を偲びます。

喪主のあいさつ（告別式）

病死した会社相談役の告別式で（七十代）

四十代　男性
社員（葬儀委員長）

弔問のお礼

みなさま、本日はご多用中のところを、多数ご会葬くださいまして誠にありがとうございます。おかげを持ちまして株式会社サイクリスト相談役、故・増川総一郎の社葬葬儀、並びに告別式を無事終えることができました。

自己紹介

❶私、株式会社サイクリスト宣伝広報部長・亀山新吾が葬儀委員長といたしまして、一言ご挨拶申し上げさせていただきます。

エピソード

創立から五十年となります我が社において、その歴史の全てを築き上げてきたのが増川さんでした。立ち上げ当時は下町の小さな自転車の販売兼整備会社。❷丁寧で素早い仕事と、増川さんの面倒見の良い人柄が評判になり、自転車に乗れない子どもたちを集めて練習会を開くなど大変に慕われていたと聞きます。また、休日には会社の仲間たちとサイクリングに出向き、日本各地を自転車で走り渡ったそうです。

設立十年を過ぎた頃、増川さんはツール・ド・フランスの現地観戦をきっかけに海外製品に興味を持ち始め、翌年には輸入販売を開始いたしました。そして、自社製品の開発にも取り組み始めたのもこの頃になります。いつしか夢は、「日本列島を走るための自転車を作りたい」となり、そのため事業拡大に踏み切ったのです。

とは言え当初は苦労続きでした。各所の土地を知るため増川さんは自ら西へ東へ

自己紹介をする
❶簡単に自己紹介を述べます。

故人の人柄や実績を伝える
❷故人の人柄や実績を具体的なエピソードで紹介します。

結び

と足を運び、日本の道を調べて回ったそうです。訪れた先では積極的に地元の方々と交流を楽しみ、意気投合して繋がっていった仲間たちは、今なお我が社を支える優秀な人材であります。すべては増川さんの人を惹きつける魅力があってこそだと痛感いたします。

②我が社の自転車は最初に誕生したMS1987を皮切りに、日本人の体形に合った走りやすいモデルが評判を呼び、また世間の自転車ブームも追い風となって、瞬く間に人気商品となりました。第一号は試乗した増川さんの写真とともに我が社のフロントに飾られてあります。

自転車とともに人生を走り続けた増川さんですが、五年前、体の不調を訴え引退を決意されました。引退式では立ち上げ当初のメンバーとともに数日をかけて箱根の山を走り、全社員が見守る中でゴールテープを切りました。歓声の中、手を振り笑みをたたえる増川さんの瞳は、達成感と淋しさをにじませ、しっとりと濡れておりました。

先月、体調の悪化により入院されてからは、毎日のように「また自転車に乗りたいなぁ」と懐かしそうに語っていたそうです。

このうえは、増川さんのご遺志を受け継ぎ、ますます社業発展のために努力してまいる覚悟でおります。今後とも、ご協力、お引き立てのほどお願い申し上げます。

葬儀終了後の僧侶・神官・牧師・世話役へのあいさつ文例

僧侶へのあいさつ

このたびは、大変お世話になり、ありがとうございました。ありがたいお経とご法話をいただき、おかげさまでよい葬儀となりました。故人も安らかな眠りにつくことができたと思います。

これは心ばかりのお布施でございます。どうぞお納めください。

法要につきましては、また改めてご相談させていただきたく思っております。その際は、何卒よろしくお願いいたします。

●僧侶へのお礼の表書きは、「御布施」のほか、「御礼」「御回向料」「御経料」などとします。場合によっては「御車代」を別に渡すこともあります。

神官へのあいさつ

このたびは、大変お世話になり、ありがとうございました。おかげさまで滞りなく葬儀（神葬祭）を終えることができました。故人も安らかな眠りにつくことができたと思います。

これは心ばかりのお礼（修祓料）でございます。どうぞお納めください。

霊祭につきましては、また改めてご相談させていただきます。どうぞよろしくお願い申し上げます。

●神官へのお礼の表書きは、「御礼」「修祓料」のほか、「奉献」「御祭祀料」などがあります。「霊祭」とは、神道における霊前祭と墓前祭との総称のことで、仏式の法要にあたります。

神父・牧師へのあいさつ

このたびは、大変お世話になり、ありがとうございました。おかげさまで無事に葬儀（葬祭ミサ）も終了し、故人も安らかに主の御許に召されたことでしょう。些少ではございますが、お礼の気持ちです。どうぞお納めくださいませ。

また、追悼ミサ（召天記念式）につきましては、改めてご相談させていただきたく思っております。何卒よろしくお願い申し上げます。

●キリスト教式での謝礼は、教会への献金という形になり、表書きは「記念献金」とします。神父には別に「御礼」を用意します。

世話役へのあいさつ

このたびは、いろいろとお世話になり、本当にありがとうございました。おかげさまで最後まで無事に済ませることができました。

これは私どものささやかなお礼の気持ちです。どうぞお納めください。

これからも何かとお力添えをいただくことがあるかと存じます。今後とも変わらぬお付き合いをよろしくお願い申し上げます。

●世話役の中でも主だった人へは、後日改めてあいさつに伺いましょう。

出棺時のあいさつ文例

喪主の一般的なあいさつ

本日は、お暑い中、父・◎◎の葬儀にご参列いただきまして、まことにありがとうございました。おかげさまをもちまして、葬儀・告別式ともに滞りなくすみ、ここに出棺の運びとなりました。

最後まで、こんなにたくさんの方にお見送りいただき、父もさぞ喜んでいることと存じます。

父の生前に、みなさまから賜りましたひとかたならぬご厚誼、ご厚情に対しまして、故人に代わり、厚く御礼申し上げます。

最後に、みなさまのご健康とご多幸をお祈りいたしまして、簡単ではございますが、ごあいさつとさせていただきます。

では、これから火葬場にまいります。本日は、まことにありがとうございました。

●出棺時のあいさつは、遺影や位牌を持ったままでも構いません。見送りの人は立ったままですので、できるだけ簡潔にまとめます。
●よく使われる表現に、「最後までお見送り、ありがとうございます」があります。

火葬場でのあいさつ文例

火葬が終わるまでは控室で過ごしますが、火葬場まで来て下さった方々へねぎらいや感謝の気持ちを伝えます。

喪主の思いを伝えるあいさつ

◎本日はお忙しいところ、火葬場までお付き合いいただき、ありがとうございました。おかげさまで私も心を落ち着けて、ここまで参ることができました。

◎お疲れになったでしょう。どうぞお召し上がりください。故人を偲んで、思い出話でも聞かせていただければと存じます。

故人の思いを伝えるあいさつ

今日は長時間、お付き合いいただき、ありがとうございました。故人も最後までみなさまとご一緒することができ、うれしく思っていることでしょう。

●あいさつは簡単なもので構いません。

●遠方のためなどの理由でなかなか会えないような親族には、この場であいさつをしておきましょう。

精進落としでのあいさつ文例

一般的な「始め」のあいさつ①

本日は故・◎◎の葬儀に際し、みなさまには最後までひとかたならぬお世話になり、誠にありがとうございました。おかげさまで無事に葬儀・告別式を終えることができ、遺族一同、感謝の気持ちでいっぱいでございます。

ささやかではございますが、お食事のご用意をさせていただきました。どうぞ、ごゆっくりとお召し上がりください。なお、心ばかりの品をご用意しておりますので、お帰りの際にお持ちくださいませ。

●お礼の品を用意している場合は、この場で伝えます。

一般的な「始め」のあいさつ②

本日は、長時間にわたってお力添えを賜り、ありがとうございました。おかげをもちまして、無事に葬儀一切を執り行うことができました。ここに厚くお礼申し上げます。

さぞ、お疲れになったことと存じます。

ささやかではございますが、精進落としの膳をご用意いたしました。どうぞ、ごゆっくりお過ごしください。

一般的な「お開き」のあいさつ①

みなさま、本日は長時間にわたってお付き合いくださいまして、誠にありがとうございました。もっとごゆっくりしていただきたいところではございますが、お疲れのことと存じますので、このあたりでお開きとさせていただきたいと思います。いろいろと行き届かぬ点も多々あったかと存じますが、どうぞご容赦くださいませ。最後まで本当にありがとうございました。

●宴はあまり長くなりすぎないように気をつけましょう。目安としては一時間から一時間三十分くらいです。頃合いを見て、手短にあいさつを述べます。

一般的な「お開き」のあいさつ②

本日は誠にありがとうございました。最後までお付き合いくださいまして、故人もきっと喜んでいることと思います。

お疲れのところ、あまりお引き止めしても申し訳ございませんので、これにてお開きとさせていただきたく存じます。行き届かぬ点が多々ありましたこと、どうぞご容赦くださいませ。

なお、納骨は○月○日を予定しております。今後もお世話になることがあるかと存じますが、その節はどうぞよろしくお願い申し上げます。

ありがとうございました。どうぞ気をつけてお帰りください。

●納骨の日取りが決まっている場合は、合わせて伝えても構いません。

葬儀後のあいさつ回り

葬儀が終わったあと、とくにお世話になった人たちへは、お礼のあいさつに伺います。葬儀の二日後から初七日までにすませるのがマナーです。

先方の都合のよい日を確かめてから出向きます。喪主が行けないときは、代理でも構いません。

◉あいさつ回りの服装

服装は、正式には男女とも喪服着用ですが、最近は平服でも構わないとされています。男性はダークスーツに地味な色のネクタイ、女性は喪服に準じた地味な色のワンピースやスーツとします。

菓子折りなどを持参して訪問します。

◉あいさつ文例

僧侶、神官、神父・牧師、世話役へのあいさつ回りでのあいさつはＰ２４２～Ｐ２４３で紹介しているものとほぼ同じもので構いません。謝礼を葬儀当日に渡している場合は、謝礼に関わる部分を省いて、お世話になったことへのお礼を述べればよいでしょう。

故人が学生だった場合には学校の先生方などに、故人が社会人だった場合は勤務先等にもあいさつ回りに伺うとよいでしょう。

入院していた場合などは、医師や看護師にもごあいさつに伺います。

ここでは、ご近所へのあいさつと故人が生前お世話になった方へのあいさつの文例を紹介します。

ご近所へのあいさつ文例

このたびはたいへんお世話になり、ありがとうございました。おかげさまで、無事に葬儀を済ませることができました。

お宅の前に花輪を置かせていただいたり、車や人の出入りなどでいろいろとご迷惑をおかけし、申し訳ございませんでした。また、台所のお手伝いもしていただき、ありがとうございました。

これはほんのお礼の気持ちでございます。お納めくださいませ。今後とも、よろしくお願いいたします。

故人の恩人などへのあいさつ文例

先日は、ご会葬いただきまして、誠にありがとうございました。おかげさまで、葬儀一切を無事に終えることができました。当日は取り込んでおり、満足にごあいさつもできませんでしたが、○○さまにお見送りをいただき、故人もさぞ喜んでいたと存じます。

生前に故人が○○さまより賜りましたご厚誼にも、合わせまして深く感謝申し上げます。

今後ともよろしくおつきあいくださいますよう、よろしくお願い申し上げます。

●通夜や葬儀を自宅で行った場合は、近所の方々には何かとお世話になっているはずです。菓子折りなどをもって早目にごあいさつに伺います。

会葬のお礼状の文例

会葬のお礼状

亡父◎◎の葬儀および告別式の際は　ご多忙にもかかわらず　ご会葬いただきまして　まことにありがとうございました
また　お心のこもったご芳志を賜りまして　厚く御礼申し上げます
当日は　満足にご挨拶もできませんでしたこと　お詫び申し上げます
略儀ながら　書中をもってご挨拶申し上げます

平成○○年○月○日

喪主　◎◎
外　親戚一同

●句読点は用いません。
●会葬礼状は、最近では、葬儀のあと喪主が会葬者に直接手渡すことが多くなっています。

初七日のあいさつ文例

初七日のあいさつ（施主）

本日はお忙しい中、亡き妻の初七日の法要にこのように大勢お集まりいただき、まことにありがとうございます。故人も喜んでいることと存じます。また、先日の葬儀の折にも、お心遣いをいただき、深く感謝いたしております。

妻が亡くなって、早いものでもう七日が経ちました。いまも実感がありませんが、妻が好きだった音楽などが流れてくると、一緒にその曲を聴けない寂しさを覚えることがございます。生活が落ち着く中で、そうした寂しさが大きくなってくることと存じます。

ささやかではございますが、心ばかりのお食事を用意させていただきました。生前の妻の思い出話などをお聞かせいただけますと幸いでございます。本日は、ありがとうございました。


〈付七日の場合〉


本日は、おかげさまで故◎◎の葬儀・告別式を滞りなく終了することができました。また、本日は初七日の法要もあわせて執り行いました。長時間お付き合いくださいまして、ありがとうございます。

別室に心ばかりのお食事をご用意させていただきましたので、お召し上がりになりながら、故人を偲んでいただけますと幸いでございます。本日はありがとうございました。

●食事をすすめる言葉が最後にくるのがふつうです。

●葬儀からあまり時間をおかずに再び招待するのも心苦しいという、喪家側の会葬者への配慮などから、葬儀の日に初七日をあわせてすます「付七日」が最近多くなってきています。

葬儀後に行う手続き

葬儀後に喪家（遺族）が行う手続きには、P253のようなものがあります。

◉生命保険

故人が生命保険に加入していた場合には、保険金を受け取るための手続きが必要です。保険会社に連絡をすると、死亡保険金請求書が送られてきますので、所定事項を記入し、必要な書類を添えて返送します。

事故死の場合には、死体検案書の写しなどが必要です。

◉年金

一定の条件を満たしていれば、遺族に年金が支給されます。故人が厚生年金（または共済年金）加入者の場合は、在職中に亡くなったのであれば、通常は勤務先が手続きをしてくれます。退職していたときなどは、住所地の社会保険事務所で受給の手続きを行います。

故人が国民年金に加入していた場合には、住所地の市区町村役場の年金課で受給の手続きを行います。

◉税金

故人が所得税の確定申告を行っていた場合は、相続人が故人の住所地の税務署で代わりに確定申告をします。

遺産を相続する場合には相続税がかかります。税務署でその旨を申告します。

◉その他

クレジットカードや銀行預金、公共料金、不動産、自動車などは名義変更が必要です。

葬儀後に行う手続き チェックリスト

★年金・保険・税金など

	申請先	内容	申請期限
□生命保険	生命保険会社	保険金の請求	2年以内
□簡易保険	郵便局	保険金の請求	2年以内
□遺族厚生年金	社会保険事務所	遺族厚生年金の請求	5年以内
□国民年金	市区町村役場国民年金課	遺族年金・母子年金・寡婦年金・未受給年金の請求など	5年以内
□死亡一時金	市区町村役場国民年金課	死亡一時金の請求	5年以内
□所得税	勤務先または税務署	所得税の確定申告	4か月以内
□相続税	税務署	相続税の申告	10か月以内
□社会保険（健康保険）埋葬料（費）	社会保険事務所または健康保険組合	埋葬費の請求	2年以内
□国民健康保険葬祭費	市区町村役場国民年金課	葬祭費の請求	2年以内

★その他

	申請先	内容
□名義変更	それぞれの取引先	クレジットカード、銀行の預貯金、公共料金、株式・債券、不動産、電話加入権、自動車などの名義変更
□死亡の届出	自分の勤務先（配偶者が死亡した場合）	扶養控除異動の届出
	故人の勤務先（配偶者が死亡した場合）	死亡退職届の提出

COLUMN

葬儀会場での席次

弔問客として葬儀・告別式に出席する場合、どこに座ればよいかは、その場で案内してもらえるのが普通ですが、大まかに説明すると、下の図のようになりますので、頭に入れておくとよいでしょう。

一般に、祭壇に最も近い席が上座です。最近は喪主と親族以外は特に席を決めないことも多くなっています。

仏式（告別式）

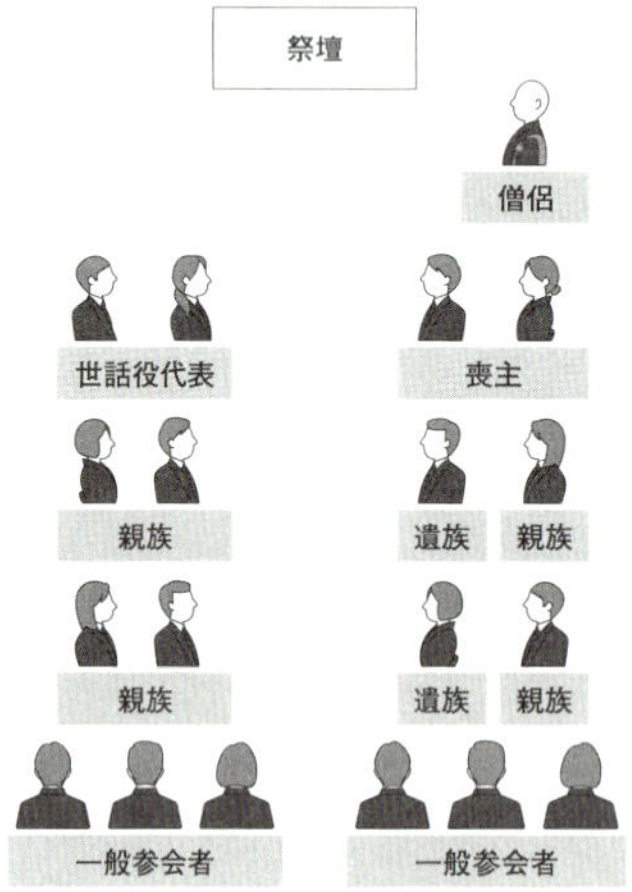

仏式（葬儀）

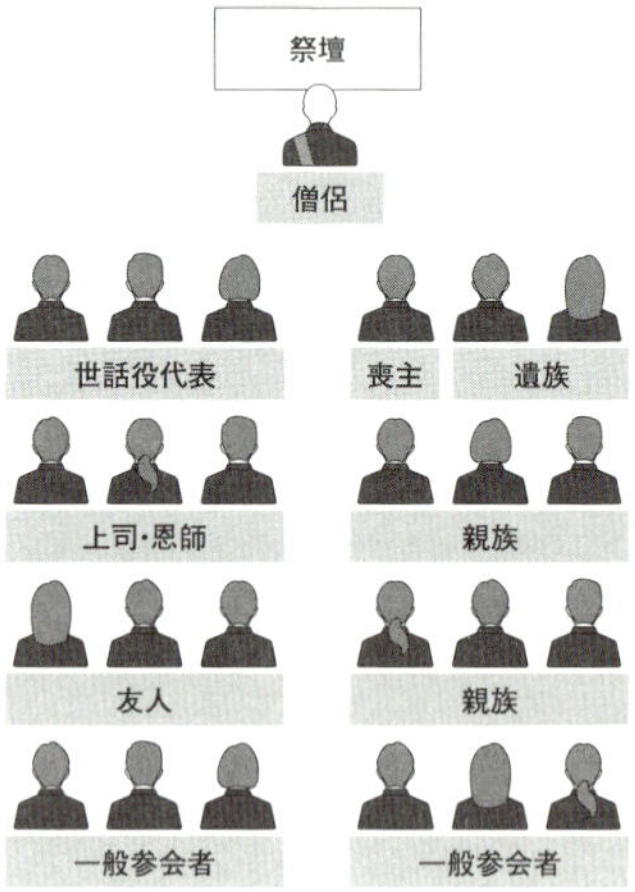

キリスト教式

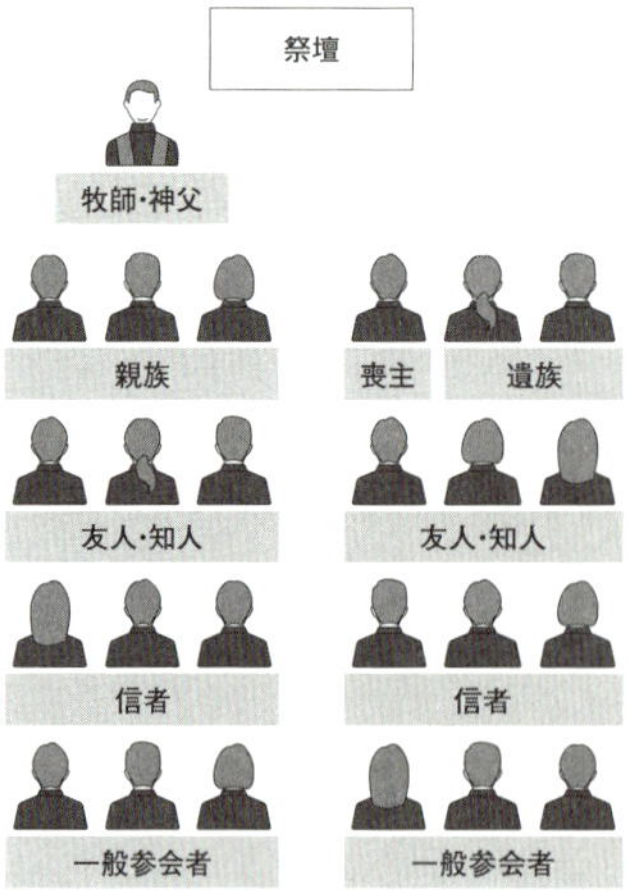

神　式

NOTE

暮らしの情報研究会

暮らしに役立つ情報を日々収集し、それを人々が暮らしの中で生かしていけるよう、さまざまな媒体を通して情報の拡散を試みている。葬儀など冠婚葬祭でのマナーに詳しい。

執筆協力……………野中 祐　川瀬勝彦（SpaceK）
装丁デザイン…………原 伊吹
本文デザイン…………松原 卓
イラスト………………MIDOЯI　中務慈子
編集協力………………株式会社　オメガ社

とっさのときに、すぐ使える!
弔辞の実例事典

2014年9月20日　初版第1刷発行

著　者　暮らしの情報研究会
発行者　池澤徹也
発行所　株式会社 実務教育出版
〒163-8671　東京都新宿区新宿1-1-12
電話　03-3355-1812（編集）　03-3355-1951（販売）
振替　00160-0-78270

印刷／壮光舎印刷　　製本／東京美術紙工

ISBN978-4-7889-1080-5　C2077